内陆盐渍土工程机理与路用性能

包卫星　张莎莎　蔡明娟　著

科学出版社

北京

内 容 简 介

本书以内陆盐渍土地区公路工程为依托，对盐渍土路基的盐胀、溶陷、变形等难题进行系统研究，建立盐渍土在不同含盐量、含水率等条件下的应力-应变关系，得出天然盐渍土在多次冻融循环时水分和盐分的迁移规律，揭示盐渍土盐胀、溶陷机理及公路病害形成机理，提出粗粒盐渍土易溶盐试验方法，建立以土类、含盐量、温度及含水率为指标的公路工程盐渍土分类体系，给出盐渍土路基填料适用性指标。本书对提高和完善我国盐渍土地区公路工程建设技术具有较强的指导作用。

本书可供盐渍土地区公路工程研究人员以及勘察、设计、施工、检测等相关技术人员参考，可为类似工程的研究提供一定的借鉴和思路，也可作为高等院校岩土工程、路基工程等专业师生的参考书。

图书在版编目（CIP）数据

内陆盐渍土工程机理与路用性能／包卫星，张莎莎，蔡明娟著. —北京：科学出版社，2020.6
　ISBN 978-7-03-060029-5

Ⅰ. ①内… Ⅱ. ①包… ②张… ③蔡… Ⅲ. ①盐渍土地区-道路工程-研究-中国 Ⅳ. ①U41

中国版本图书馆 CIP 数据核字（2018）第 294332 号

责任编辑：祝　洁　杨　丹／责任校对：杨　赛
责任印制：张　伟／封面设计：陈　敬

科学出版社 出版
北京东黄城根北街 16 号
邮政编码：100717
http://www.sciencep.com
北京建宏印刷有限公司 印刷
科学出版社发行　各地新华书店经销

*

2020 年 6 月第 一 版　开本：720×1000 B5
2020 年 6 月第一次印刷　印张：11 1/4
字数：223 000
定价：98.00 元
（如有印装质量问题，我社负责调换）

前　言

盐渍土遍布五大洲 24 个国家，而在我国有 19 个省(自治区、直辖市)分布。盐渍土土体内盐分迁移聚集，低温结晶体膨胀或遇水淋溶，导致路基盐胀或溶陷，进而引起路面开裂、波浪变形、翻浆，公路病害每年发生并累加。虽然国际上关于盐渍土工程病害的研究已开展了数十年，但问题一直未能得到根本解决，成为世界性技术难题。随着国家"一带一路"建设的推进，盐渍土地区路网等级和密度的不断提高，盐渍土路基病害问题越来越严峻，严重影响了公路通行能力和交通安全，每年因盐渍土地区公路工程病害引起的经济损失达数亿元。纵观我国盐渍土地区工程建设，盐渍土盐胀、溶陷等引起的路面起伏、开裂，路基沉陷、变形等病害已成为公路工程界面临的重大挑战，究其原因在于以往的盐渍土工程性质、基础理论、病害特征及机理等关键性技术体系不系统、不完善，已有的技术难以满足盐渍土地区不同等级公路快速发展的建设需求。

本书以内陆盐渍土工程性质研究为切入点，结合当今我国公路工程盐渍土应用实际与理论发展趋势，基于野外观测、大尺寸模型试验、离心模型试验及三轴试验等研究手段，通过系统试验、定性分析和定量计算，对内陆盐渍土在不同条件下的工程特性、盐胀特征、溶陷规律、力学特性及路用性能等进行系统研究。通过开展不同土类盐渍土在不同含水率和不同含盐量等条件下的强度特性试验，系统建立盐渍土在不同含水率、不同含盐量等条件下的应力-应变关系。进行不同冻融循环后的水分、盐分迁移试验，从土类角度得到天然盐渍土在多次冻融循环时的水盐迁移规律及性状。通过大型模型试验，揭示盐渍土在不同条件下的盐胀、溶陷机理和公路病害形成机理，提出粗粒盐渍土易溶盐试验方法，建立以土类、含盐量、温度及含水率为指标的公路工程盐渍土分类体系，给出盐渍土路基填料适用性指标。

本书的出版得到了交通运输部西部交通建设科技项目、新疆维吾尔自治区交通运输厅科技项目、国家自然科学基金项目的资助，同时得到了长安大学、新疆交通科学研究院、新疆维吾尔自治区交通建设管理局等相关单位的大力支持与协助，在此表示衷心的感谢。张洪萍、张志萍、王永威、刘伟、王龙、王岩涛、曾浩等参与了部分研究和书稿的撰写工作，感谢他们做出的贡献。

希望本书的出版能够为提高和完善我国盐渍土地区公路建设技术贡献微薄之力。鉴于作者水平有限，书中难免存在不足之处，敬请读者批评指正。

作　者

2020 年 4 月

目　　录

第1章 绪 论

1.1 研究背景及意义

西部地区独特的自然地理环境和气候特征，使盐渍土的形成和分布较为广泛，多集中在山前冲(洪)积扇倾斜砾质平原前沿细土平原区、扇间过渡带低地及干涸湖盆地带。地形坡度平缓，地表水、地下水径流滞缓，地下水水位埋深浅，干旱少雨、蒸发强烈是盐渍土形成的基本条件。盐渍土的三相组成与一般土有所不同，液相中含有盐溶液，固相中含有结晶盐，固相结晶盐和液相盐溶液变化将导致盐渍土工程性质的复杂多变。在工程实践中含盐量、含水率、温度的改变，引起物理力学性质的变化，表现为盐胀、翻浆、溶陷和腐蚀等公路病害。

国外对盐渍土问题的研究始于 20 世纪初期，重点分析了盐渍土的分布特征、形成原因及工程性质。20 世纪中期，我国铁路与建筑部门针对工程中存在的实际问题，进行了盐渍土建筑物病害处治研究。20 世纪 70 年代，我国交通部门根据盐渍土地区公路病害现状，开展了盐渍土工程性质及公路病害处治等方面的研究工作。

以往对盐渍土的工程性质的研究大多数是使用当地土样，人工添加盐分对其性质进行研究。由于盐渍土的工程特性受地域性影响很大，不同地域的不同土类盐渍土工程性质差别较大，上述研究方法的成果难以推广。同时，西部地区存在着大面积的粗粒盐渍土，但对于粗粒盐渍土工程特性的了解较少。高等级公路在盐渍土地区的迅猛发展使粗粒盐渍土工程特性、路基填料的可用性及分类评判标准等问题随之出现。通过近几年对盐渍土地区工程地质的研究及公路工程实践发现，公路工程作为线形构筑物需跨越不同的地质地貌单元、气候区域，盐渍土的工程性质差异很大，单纯地沿用以前针对工业与民用建筑地基基础设计而制订的盐渍土分类进行公路工程勘察设计存在很多不足。

发展西部交通是国家推进"一带一路"建设的重要内容之一。随着国家高速公路网的规划完成，西部盐渍土地区修筑的高等级公路日益增多，对勘察、设计、施工提出了更高的要求，已有的技术规范明显不能适应。因此，开展内陆盐渍土工程机理与路用性能研究，对于系统地掌握各种类型盐渍土的工程特性，完善有关规范规程，指导盐渍土地区公路建设，具有重要的理论与实际应用价值，本书基于这样的背景开展了相关研究。

1.2 国内外研究进展及现状

随着交通事业的迅猛发展，盐渍土地区修筑的公路日益增多，在盐渍土地区公路建设方面取得了丰富的科研成果。本书主要集中在盐渍土物理力学性质研究、微观结构特征研究、盐胀规律和影响因素研究、潜蚀溶陷特性研究、水盐迁移模式及机制研究，以及盐渍土公路工程分类和路用性能研究等方面。

1.2.1 物理力学性质研究

国外研究机构在 20 世纪初期对盐渍土的物理力学性质开展了深入研究，初步提出了盐渍土工程分类，并通过盐渍土工程性质的研究，提出了地基适用条件和路基路面设计中的力学性能指标值。别兹露克等(1955)较早地研究了土中含盐量对土的最大干密度、最优含水率、液限、塑限及抗剪强度的影响；莫斯科国立建筑大学进行了盐渍土强度和变形的三轴试验研究，分析了盐渍土中盐类的基本性质，以及盐类对盐渍土物理力学性质的影响等。

我国从 20 世纪 50 年代起，开展了盐渍土工程特性及其对工程影响的调研。中国铁道科学研究院在 1953 年对兰新线张掖地区的盐渍土铁路路基工程性质进行了调查研究。铁道部第一设计院(现中铁第一勘察设计院集团有限公司)在 60 年代初，对盐渍土铁路路基修筑中的问题进行了调查研究。70 年代初，铁道部有关单位联合进行了察尔汗盐湖盐渍土工程性质研究。

罗伟甫(1980)在对大量盐渍土地区公路病害调查的基础上，结合室内试验，对盐渍土成因、分布规律、工程特性及对公路工程的危害等进行了论述。

陈肖柏等(1989)开展了盐渍土在不同温度条件下的工程性质研究，重点分析了盐渍土的水盐迁移及盐胀特征。

新疆交通科学研究院从 20 世纪 70 年代起，开展了盐渍土工程特性和路基病害规律的试验研究工作，系统总结了盐渍土地区公路病害及物理力学特性。

万旭升等(2013)通过在不同条件下对硫酸钠溶液和硫酸钠盐渍土进行降温试验，研究了硫酸钠溶液和硫酸钠盐渍土中芒硝的析出规律及各自的冻结温度。

陈锦等(2013，2012)分别开展了含盐量和含水率对冻结粉土单轴抗压强度影响的试验研究。

刘威等(2012)研究了不同含盐类别和干密度盐渍土的三轴试验变化特征，指出邓肯-张模型应用于盐渍土时对于应变硬化型应力-应变曲线具有良好的拟合效果，但不能反映应变软化特性和剪胀性。

鲍硕超(2015)针对吉林西部季冻区盐渍土冻胀特性开展试验研究，并建立吉林西部盐渍土室内封闭系统冻胀试验三维颗粒流数值模拟模型，反映了大安及镇赉两地土样在侧壁及底面受限情况下的冻胀过程，并对两地土样在冻胀过程中的颗粒运移、孔隙特征及内部应力的变化规律进行了讨论。

以往研究重点分析了盐渍土在单因素条件变化下的物理力学特性，对盐渍土物理力学特性在多种因素交互作用的研究较少；同时，对盐渍土地区高等级公路的影响没有足够的重视。但随着对盐胀的认识深入，研究也日益深入。

1.2.2　微观结构特征研究

近年来，采用扫描电子显微镜、X 射线衍射分析、差热分析等先进的仪器和手段，在盐渍土中易溶盐结晶的微观结构形态及确定盐渍土的类型方面，国内外均有了新的突破。

李宁远等(1989)采用 X 射线衍射分析、差热分析、扫描电子显微镜等手段全面分析了盐渍土的微观结构及化学组成，进一步揭示了盐渍土的盐胀特性。

中铁第一勘察设计院集团有限公司、中国石油天然气管道局和天津大学对盐渍土的微观结构特征开展了系统研究工作。中国石油天然气管道局和天津大学分别应用扫描电子显微镜对盐渍土结构和矿物组成进行了研究，从微观结构等方面阐述了盐渍土的基本工程特性。

王春雷等(2007)采用环境扫描电子显微镜及能量色散 X 射线光谱仪(EDX)，对盐渍土的微观结构进行了分析，探讨了易溶盐结晶对土强度的影响。通过对自然脱水干燥前后盐渍土的强度试验，探讨了微观结构变化对土强度的影响。研究结果表明，析晶前后盐渍土的微观结构特征明显不同，析晶前为盐-土混容态包裹土团粒结构，析晶后为晶体土颗粒共混结构，从而使土体强度显著提高。

刘毅等(2013)采用扫描电子显微镜及EDX分析研究罗布泊干盐湖区盐渍土的矿物成分和微结构与溶陷性、无侧限抗压强度特性的相互关系。结果表明，盐渍土中氯盐和硫酸盐含量大于 50%，以氯盐为主。矿物成分主要为钾长石、石英、石膏、钙长石等。由土颗粒和盐分胶结而成的盐岩、岩盖结构致密，但由于盐含量和胶结情况的不同，干燥和湿润状态下微结构变化很大，其无侧限抗压强度有很大差异。

刘军勇等(2014)对察尔汗盐湖区盐渍土进行扫描电子显微镜试验、直接剪切试验和抗压强度试验，从微观结构上分析了盐渍土的力学与强度表现，提出了不同含盐量的盐渍土颗粒骨架的连接形式。同时还发现，微观结构越密实，盐晶体胶结作用越强，盐渍土表现出越高的力学与强度特性；盐晶体的胶结作用是影响盐渍土力学与强度特性的显著因素；无侧限抗压强度显著变化的含盐量拐点为45.74%。

盐渍土的物理结构组成研究为盐渍土盐胀机理和规律的解释提供了依据，

使从微观角度探讨盐胀机理成为可能。但是，由于目前技术设备等条件的限制，此项内容还有待更加深入地研究。

1.2.3　盐胀规律和影响因素研究

贝莱赛(1969)对不同土类盐渍土开展了温度变化的膨胀特性研究。研究结果表明，粉黏粒含量对盐渍土盐胀作用影响较小，土体密度对盐渍土盐胀作用影响较为强烈。

陈肖柏等(1988)开展了重盐渍土随温度变化的工程性质研究。通过试验研究得出，盐渍土的盐胀与水盐迁移及易溶盐结晶有密切关系，盐胀随土体初始状态、外部温度条件的变化而变化。

吴青柏等(2001)进行了硫酸盐渍土的盐胀特性研究，提出了粗粒硫酸盐渍土在冻融循环中具有结晶盐成层的特性。

李斌(1993)、高江平(1997a，1997b)等开展了盐渍土在不同条件下的盐胀特性研究，得出了盐渍土随外界条件变化的盐胀规律，同时分析了盐渍土起胀含盐量。

徐学祖等(2001，1997，1996b，1994)通过对硫酸盐渍土盐胀、冻胀的试验研究，揭示了硫酸盐渍土的盐胀、冻胀是土性质(土类、初始含水率、初始干密度、含盐量等)和外界因素(温度、压力、初始浓度和补水状况)的函数，硫酸盐渍土盐胀量与初始干密度和初始浓度呈平方关系，冻胀量随初始浓度的增大呈抛物线关系增大，且随降温速率增大呈平方根关系减小。

李志农(1995)等通过对新疆盐渍土地区公路病害特征研究，以及对干旱区盐渍土盐胀规律分析，提出了盐渍土盐胀随含水率、含盐量变化的关系。

高江平(1997c)、宋启卓等(2006)、顾强康等(2009)、冯瑞玲等(2012)等针对细粒硫酸盐渍土开展了相关的盐渍土盐胀率预报模型、敏感参数及其影响权重的研究工作。

万旭升等(2013)通过试验研究了硫酸钠溶液和硫酸钠盐渍土中芒硝的析出规律及各自的冻结温度。牛玺荣等(2015)根据溶质守恒定律，建立了综合考虑盐胀和冻胀时硫酸盐渍土体积变化关系式。

顾强康等(2015)通过室内试验得到不同含盐量、不同干密度和不同上覆荷载条件下重塑硫酸盐渍土的定量增湿盐胀曲线，并提出了相应的机场路基处治措施。

杨晓华等(2016)采用两种试验方法，基于回归方程定义计算公式 $\omega_{in} = -B/(2A)$ 为调节因素，给出盐胀率随含水率变化的影响因素和计算方法。应用调节因素公式分析已有文献试验数据，给出试验中界限含水率的影响因素、变化规律和盐胀率随含水率变化的准确区间，并得出目前三种不同研究结论产生的原因。结果表明，界限含水率不仅受含盐量影响，同时受试验中其他与含水率有交互作用的因素影响。

1.2.4 潜蚀溶陷特性研究

天然状态下的盐渍土，在土的自重压力或附加压力作用下受水浸湿时产生的变形称作盐渍土溶陷变形。盐渍土溶陷变形分为静水中的溶陷变形和浸水时间很长的潜蚀溶陷变形。

评价盐渍土溶陷性的指标是溶陷系数δ。根据盐渍土的特点，我国规定溶陷系数$\delta<0.01$时，可认为是非溶陷性盐渍土。盐渍土地基的溶陷性，按照地基浸水后可能产生的溶陷变形量划分等级。我国《盐渍土地区建筑技术规范》中的分级溶陷变形量见表1.1。

表 1.1　盐渍土地基溶陷等级

溶陷等级	溶陷变形量Δ/cm
I	$7<\Delta\leqslant15$
II	$15<\Delta\leqslant40$
III	$\Delta>40$

盐渍土溶陷变形主要是潜蚀溶陷变形，计算潜蚀溶陷变形的方法有室内渗压试验、现场浸水载荷试验及离心模型试验等。室内渗压试验由于不考虑渗流、扩散及盐溶解过程等条件，试验结果缺乏足够的依据，由此确定的计算参数也不可靠。现场浸水载荷试验虽然反映试验点的实际情况，但现场情况变化大，试验结果离散性大，难以计算参数，而且时间成本和经济成本较高。

采用离心模型试验来研究该地区盐渍土的潜蚀溶陷特性，根据相似理论的几何相似和物理相似条件，模拟土样在地基中的实际情况，并将试验结果转化为现场条件下的真实过程。同时，离心模型试验很好地模拟了渗流、扩散及盐溶解过程等条件，试验结果较精确。

为了在室内测定盐渍土的潜蚀溶陷变形，苏联水利设计院和地基与地下结构研究院研制过多种盐渍土溶陷变形测定的仪器。1983年还提出了"室内测潜蚀压缩变形的方法"。

我国在盐渍土溶陷特性研究方面也取得了一定成果。徐攸在(1997)提出了一种根据盐渍土含盐量及洗盐后土的干密度判别盐渍土是否具有溶陷性的简易方法。

李永红等(2002)研究了影响无黏性盐渍土溶陷性的因素，分析了各因素对其溶陷性的影响规律，并提出消除影响的方法。魏进等(2014)在不同初始含水率、含盐量及上覆荷载条件下，进行了室内溶陷试验，深入研究了滨海氯盐渍土的溶陷和盐胀特性。

袁雅贤等(2016)采用自行研制的新型装置进行了室内溶陷试验，分析了初始含水率、初始含盐量、压实度及轴向压力对盐渍土溶陷特性的影响规律。

蒋坪临等(2018)通过室内溶陷和循环振动实验，引入了多因素耦合作用下影响土体溶陷特性的耦合溶陷敏感因子，进行了多元线性回归分析，总结了循环往复荷载作用下氯盐渍土溶陷特性的变化规律。

1.2.5　水盐迁移模式及机制研究

土的水盐迁移是一个复杂的过程，学术界对水盐迁移的机理研究还在进行。从已有的研究成果来看，盐渍土的水分迁移动力可以归纳为四种：①毛细管迁移；②薄膜水迁移；③结晶力理论；④吸附-薄膜理论。盐渍土中离子成分的迁移主要有三种方式：①渗流迁移；②扩散迁移；③渗流-扩散混合迁移。

20世纪初期，土的势能理论被应用到盐渍土水盐迁移研究中，并进行了土的水盐迁移动态研究，提出了新的水盐迁移动力概念。未冻水迁移是水分迁移的主要方式，而温度是导致土中水相变，制约未冻含水率、土水势的一个主要因素，因此，温度、未冻含水率和土水势是影响水分迁移的三大基本要素。

20世纪中期，国外盐渍土的水盐迁移研究工作发展迅速。Kang等(1994)通过对土体冻结后的水盐迁移研究得出，土体冻结后仍存在水盐迁移。

我国学者徐学祖等(1996a,1996c,1991)通过室内试验进行了盐渍土冻结过程中的水盐迁移及盐胀规律研究，提出了水盐迁移影响因素和规律，以及最大盐胀量出现的温度区间和含盐量。

邱国庆等(1989)开展了溶液冻结时的结晶研究，指出了盐分迁移与溶液浓度、冻结时间的关系，并得出盐分向溶液未冻端迁移的特性，以及高水化能的盐类更有助于抑制冻胀的结论。

张立新等(1996, 1993)研究氯盐盐渍土未冻含水率时，发现含氯化钠的冻土存在二次相变。由于盐分的影响，在某一零下温度未冻含水率急剧减少，其温度一般在$-26 \sim -21℃$，含有氯化钠的溶液形成的固相晶体为冰和水石盐($NaCl \cdot 2H_2O$)。

高江平等(1997d)通过室内盐渍土冻结条件下的水盐迁移试验研究，分析了水盐迁移规律，指出水盐迁移与溶液浓度、土体密度、含水率及降温速率呈指数关系。

肖泽岸等(2017)通过单向冻结试验，研究了冻结过程中的水盐运移过程及土体变形。基于溶液的性质并考虑盐分对土体冻结温度和未冻含水率的影响，建立了冻结过程中 NaCl 盐渍土水盐迁移规律及变形的计算模型，从而为深入了解盐渍土在冻结过程中的变形机理提供理论参考。

肖泽岸等(2018)通过单向冻结试验，研究了盐分在土体冻结过程中对水分重分布与变形的影响，并结合模型试验分析了冻融、蒸发、辐射和降水过程中的水盐迁移规律。基于以上规律，探讨了盐渍土在冻结过程中的水盐迁移过程及盐胀和冻胀的成因。

张沛然等(2018)在 4.5m 深试验坑内埋设了若干套竖向变形观测设备、含水率和温度传感器，对坑内不同深度土层的温度场、水分场和盐胀变形随季节性的变化状况进行了动态监测和分析研究，提出了西北干旱地区盐渍土在自然气候条件下的水-热场变化特征与盐胀变形规律。

1.2.6　盐渍土公路工程分类和路用性能研究

盐渍土对不同工程对象的影响程度是不同的，但其分类原则是根据盐渍土本身特点，按其对建筑、交通、水利和农业等工程的影响程度来划分的。由于各种盐渍土分类方法中界限值都是人为确定的，考虑的因素和角度也不同，因此盐渍土分类的界限也不尽相同。目前，国内外对盐渍土的评判和分类基本可归纳为三类：按盐的性质分类，按盐的溶解度分类，按含盐量分类。

2001 年，新疆维吾尔自治区交通运输厅发布的《新疆盐渍土地区公路路基路面设计与施工规范》(XJTJ 01—2001)中，提出了新的盐渍土分类方法，考虑了土类对盐渍土工程特性的影响，对盐渍土分类采用了细粒土和粗粒土两种指标，比较符合工程实际。《新疆盐渍土地区公路路基路面设计与施工规范》中，盐渍土盐性的判别基本沿用了国外的分类方法，盐渍化程度分类从细粒土和粗粒土角度出发，针对氯盐渍土与亚氯盐渍土、亚硫酸盐渍土与硫酸盐渍土，分为弱、中、强、超强盐渍土。盐渍土按含盐性质分类见表 1.2。盐渍土的盐渍化程度，按细粒土和粗粒土分别进行分类，细粒土分类见表 1.3，粗粒土分类见表 1.4。

表 1.2　盐渍土按含盐性质分类

盐渍土名称	$\dfrac{Cl^- 含量}{SO_4^{2-} 含量}$	$\dfrac{CO_3^{2-} 含量 + HCO_3^- 含量}{Cl^- 含量 + SO_4^{2-} 含量}$
氯盐渍土	>2.0	—
亚氯盐渍土	1.0～2.0	—
亚硫酸盐渍土	0.3～1.0	—
硫酸盐渍土	<0.3	—
碳酸盐渍土	—	>0.3

注：离子含量以 1kg 土中离子的物质的量计(mmol/kg)。

表 1.3　细粒土按盐渍化程度分类

盐渍土名称	土层的平均含盐量/%(以质量分数计)	
	氯盐渍土及亚氯盐渍土	硫酸盐渍土及亚硫酸盐渍土
弱盐渍土	0.3~1.0	0.3~0.5
中盐渍土	1.0~5.0	0.5~2.0
强盐渍土	5.0~8.0	2.0~5.0
超强盐渍土	>8.0	>5.0

表 1.4　粗粒土按盐渍化程度分类

盐渍土名称	通过 1mm 筛孔土的平均含盐量/%(以质量分数计)	
	氯盐渍土及亚氯盐渍土	硫酸盐渍土及亚硫酸盐渍土
弱盐渍土	2.0~5.0	0.5~1.5
中盐渍土	5.0~8.0	1.5~3.0
强盐渍土	8.0~10.0	3.0~6.0
超强盐渍土	>10.0	>6.0

　　细粒土与粗粒土的颗粒组成差异大，实际含盐量的测定方法应该有所不同，在公路工程中应用的效果也完全不一样，因此在尚未确定粗粒土易溶盐含量的测定方法时，对粗粒土按其混合料与细粒料盐分的比例关系分别提出分类指标是可行的。

　　2006 年 8 月，交通部(现交通运输部)公路司发布了《盐渍土地区公路设计与施工指南》(以下简称《指南》)。《指南》中针对土质的盐渍化程度及工程质量之间的密切关系，以盐渍土易溶盐含量为工程分类标准，以易溶盐性质对工程的危害性确定分类的界限指标，细化了盐渍土中含盐量的分类标准。《指南》中规定盐渍土根据含盐性质分为氯盐渍土、亚氯盐渍土、亚硫酸盐渍土、硫酸盐渍土四类，按其盐渍化程度和含盐性质公路工程危害程度分为弱、中、强、过四类。

　　2015 年 2 月，交通运输部发布了《公路路基设计规范》(JTG D30—2015)。《公路路基设计规范》中基本沿用了《新疆盐渍土地区公路路基路面设计与施工规范》对盐渍土按盐渍化程度分类的方法，分类界限取值一致。《公路路基设计规范》盐渍土按盐渍化程度分类见表 1.5。

表 1.5　盐渍土按盐渍化程度分类

盐渍土名称	细粒土 土层的平均含盐量/% (以质量分数计)		粗粒土 通过 1mm 筛孔土的平均含盐量/% (以质量分数计)	
	氯盐渍土及 亚氯盐渍土	硫酸盐渍土及 亚硫酸盐渍土	氯盐渍土及 亚氯盐渍土	硫酸盐渍土及 亚硫酸盐渍土
弱盐渍土	0.3~1.0	0.3~0.5	2.0~5.0	0.5~1.5
中盐渍土	1.0~5.0	0.5~2.0	5.0~8.0	1.5~3.0
强盐渍土	5.0~8.0	2.0~5.0	8.0~10.0	3.0~6.0
过盐渍土	>8.0	>5	>10.0	>6.0

《公路路基设计规范》和《指南》中对细粒土、粗粒土盐渍化程度的界定对比见表 1.6。

表 1.6　《公路路基设计规范》与《指南》中盐渍化程度界定对比表

盐渍土名称	氯盐渍土及亚氯盐渍土通过 1mm 筛孔土的平均含盐量/%(以质量分数计)			亚硫酸盐渍土及硫酸盐渍土通过 1mm 筛孔土的平均含盐量/%(以质量分数计)		
	《公路路基设计规范》	《指南》		《公路路基设计规范》	《指南》	
		氯盐渍土	亚氯盐渍土		亚硫酸盐渍土	硫酸盐渍土
弱盐渍土	(细)0.3~1.0	0.3~1.5	0.3~1.0	(细)0.3~0.5	0.3~0.8	0.3~0.5
	(粗)2.0~5.0			(粗)0.5~1.5		
中盐渍土	(细)1.0~5.0	1.5~5.0	1.0~4.0	(细)0.5~2.0	0.8~2.0	0.5~1.5
	(粗)5.0~8.0			(粗)1.5~3.0		
强盐渍土	(细)5.0~8.0	5.0~8.0	4.0~7.0	(细)2.0~5.0	2.0~5.0	1.5~4.0
	(粗)8.0~10.0			(粗)3.0~6.0		
过盐渍土	(细)>8.0	>8.0	>7.0	(细)>5.0	>5.0	>4.0
	(粗)>10.0			(粗)>6.0		

《指南》中对氯盐渍土、亚氯盐渍土、亚硫酸盐渍土、硫酸盐渍土分别列出相应的含盐量，并根据调查试验结果对界限值作了局部调整。氯盐渍土的弱、中盐渍土界限值比《新疆盐渍土地区公路路基路面设计与施工规范》有所放宽，利于此类盐渍土在一般公路上得到较合理的应用。对硫酸盐渍土中的中、强、过盐渍土界限值从严，尽量消除或减轻公路盐胀病害。

《公路路基设计规范》与《指南》中盐渍土用作路基填料的可用性要求基本是一致的，粗粒盐渍土用作路基填料的可用性对比见表 1.7。从表 1.7 中可以看出，在二级以上公路路基的某些层位，硫酸盐及亚硫酸盐盐渍程度方面的标准《指南》略高于《公路路基设计规范》，即《指南》的可用性标准偏安全。

表1.7 粗粒盐渍土用作路基填料的可用性对比表

公路等级	高速公路、一级公路						二级公路						三、四级公路			
填土层深度(路床以下)/m	《公路路基设计规范》			《指南》			《公路路基设计规范》			《指南》			《公路路基设计规范》		《指南》	
	0~0.8	0.8~1.5	1.5以下	0~0.8	0.8~1.5	1.5以下	0~0.8	0.8~1.5	1.5以下	0~0.8	0.8~1.5	1.5以下	0~0.8	0.8~1.5	0~0.8	0.8~1.5
盐性	氯盐渍土及亚氯盐渍土						氯盐渍土及亚氯盐渍土						氯盐渍土及亚氯盐渍土			
弱盐渍土	▲[1]	○	○	×	○	○	○	○	○	○	○	○	○	○	○	○
中盐渍土	×	▲[1]▲[2]	○	×	▲[1]	○	▲[1]	○	○	▲[3]	○	○	×	○	○	▲[2]
强盐渍土	×	×	○	×	×	○	×	×	▲[3]	×	▲[2]	▲[2]	×	○	▲[3]	▲[2]
过盐渍土	×	×	○	×	×	×	×	×	▲[3]	×	×	▲[3]	▲[3]	▲[3]	▲[3]	▲[3]
盐性	亚硫酸盐及硫酸盐渍土						亚硫酸盐及硫酸盐渍土						亚硫酸盐及硫酸盐渍土			
弱盐渍土	▲[1]▲[2]	○	○	×	▲[1]	○	▲[1]	○	○	×	○	○	○	○	▲[1]	○
中盐渍土	×	×	○	×	×	○	○	○	○	▲[1]	○	○	▲[1]	○	▲[2]	▲[2]
强盐渍土	×	×	×	×	×	×	×	×	▲[1]	×	×	×	×	▲[3]	×	×
过盐渍土	×	×	×	×	×	×	×	×	×	×	×	×	×	×	×	×

注：○表示可用；×表示不可用。▲[1] 表示除细粒土质砂(砾)以外的粗粒土可用；▲[2] 表示地表无长期积水、地下水位在3m以下的路段可用；▲[3] 表示过干旱地区经论证可用。

《公路路基设计规范》与《指南》对粗粒盐渍土盐性及盐渍程度是从不同的角度界定的，其判定指标没有直接可比性，但可以间接量化比较。《指南》对粗粒土易溶盐试验方法的研究思路符合粗粒盐渍土实际工程特性，但对于粗粒盐渍土对公路工程的危害性评判不仅要从易溶盐试验方法(筛孔大小)改进上分析，还应研究粗粒盐渍土的判别参数及界限指标。

1.3　本书主要研究内容

本书在资料检索、收集、分析整理的基础上，基于大尺寸模型试验、离心模型试验、GDS 三轴试验仪及野外观测等研究手段，通过系统试验、定性分析和定量计算，对细粒盐渍土、粗粒盐渍土在不同条件下的工程特性、盐胀特征、溶陷规律、力学特性及工程分类和路用性能等进行系统研究，主要内容如下。

(1) 以多功能三轴系统为试验平台，开展不同土类盐渍土在不同含水率和含盐量条件下的强度特性试验，建立盐渍土在不同含水率、含盐量条件下的应力-应变关系；分析体变随轴向应变的变化规律，以及极限强度与初始含水率、含盐量及围压的关系。选取新疆喀什地区岳普湖至英吉沙公路沿线低液限黏土、含砂低液限黏土类盐渍土，和硕至库尔勒高速公路沿线黏土类氯盐渍土进行不同冻融后的力学强度特性试验，分析不同土类盐渍土在经历不同冻融周期后的强度特性、水盐迁移特征及其性状。

(2) 选取有代表性的天然盐渍土进行多次冻融循环试验，开发切合实际的开放系统大尺寸模型试验，配制典型区域硫酸盐渍土、氯盐渍土试样，模拟自然降温及地下水补给，分区域研究天然盐渍土的工程特性，分析不同冻融周期条件下天然硫酸盐渍土、氯盐渍土盐胀特性及工程评价。针对目前粗粒盐渍土工程特性研究的局限性，采用大尺寸模型试验，人工进行细粒填充物、含盐量和含水率配制，模拟自然界冬季的降温过程，从土类、含水率、含盐量、温度、上覆荷载五个方面对粗粒盐渍土的盐胀特性进行深入研究。系统进行硫酸盐渍土和氯盐渍土溶陷特性的离心模型试验、大尺寸模型溶陷试验研究，提出盐渍土遇水溶陷的规律及机理。

(3) 针对现行盐渍土易溶盐测定方法的不足，通过盐渍土颗粒组成与含盐量的对应关系试验，提出合理的粗粒盐渍土易溶盐试验方法。通过开展野外调查、室内工程特性试验研究及现场试验研究，在分析和总结国内外有关盐渍土分类资料的基础上，紧密结合盐渍土地区公路建设的生产实践，提出粗粒盐渍土易溶盐试验方法，制订以影响盐渍土工程性质的土类、含盐量、含水率及温度等作为指标的盐渍土公路工程分类综合框架体系，给出盐渍土路基填料适用性指标。

第 2 章　盐渍土物理力学特性

盐渍土三相体中的液相和固相与常规土不同，液相为盐溶液，固相含有结晶盐，如图 2.1 所示。与常规土一样，盐渍土三相组成的比例关系能表征土的一系列物理性质。盐渍土与常规土的不同在于前者含较多盐类(尤其是易溶盐)，当这些盐完全溶解于水时，不增加液体体积，仅仅增大其密度。当不能完全溶解于土中水时，过饱和的盐分以固体结晶形式赋存于土颗粒之间，起骨架作用。组成固相和液相的盐类物质受温度、含水率、含盐量等因素影响可以相互转换。土中固相盐随着含水率的增大、温度的升高或其成分的改变，可以转化成溶于水的盐；土中液相盐随着含水率的减少、温度的降低或其成分的改变，可以转化成固相盐结晶。无水 Na_2SO_4、无水 Na_2CO_3 等结晶盐可以转化为芒硝($Na_2SO_4 \cdot 10H_2O$)和结晶碳酸钠($Na_2CO_3 \cdot 10H_2O$)，其体积分别膨胀 3.18 倍和 3.68 倍。我国盐渍土分布范围较广，各地区盐渍土的成因、组成及特征具有明显的区域特点，不同区域盐渍土的工程特性表现有所不同，固相结晶盐和液相盐溶液变化将导致盐渍土工程性质复杂多变。

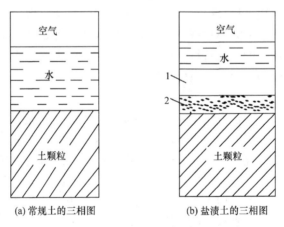

(a) 常规土的三相图　　　　(b) 盐渍土的三相图

图 2.1　土的三相图

1 为易溶盐；2 为难溶盐

2.1　盐渍土力学特性

盐渍土的强度随颗粒组成、含盐量、含水率及环境条件等的变化而变化，其中含盐量、盐分类型是盐渍土强度变化的内因；含水率的增加、动态水的渗透溶滤作用和气温的变化是影响盐渍土强度特性的外因。为了研究不同土类盐渍土在不同含水率和含盐量条件下的强度特性，采用 GDS 三轴试验方法进行不同含水率和含盐量土的强度特性试验，分析盐渍土在不同含水率、含盐量条件下的应力-应变关系，分析体变随轴向应变的变化规律，以及极限强度与初始含水率、含盐量及围压的关系。

GDS 静三轴仪与传统三轴仪一样，主要由压力室、轴向加压设备、围压施加系统、体积变化量测系统和孔隙压力量测系统所构成，如图 2.2 所示。不同的是，GDS 静三轴仪中增加了计算机控制与分析系统，对饱和土试验，孔隙压力量测系统仅量测、控制孔隙水压力；对非饱和土试验，孔隙压力量测系统包括孔隙水压力量测系统和孔隙气压力量测系统。体积变化量测系统用来量测试验过程中试样的体积变化，由此计算得到试样平均断面积和轴向应力。通过计算机控制与分析系统，GDS 静三轴仪可以实现饱和土或非饱和土的各种应力路径试验。GDS 三轴试验过程见表 2.1。

图 2.2　GDS 静三轴仪

表 2.1　GDS 三轴试验过程

试验设备			
GDS 静三轴仪，试样直径 $\varphi = 39.1\text{mm}$，高度 $h = 80\text{mm}$			
试验准备阶段：对 GDS 静三轴仪进行检查，排出孔隙压力量测系统的气泡，检查排水管路是否通畅，连接处有无漏水现象，橡皮膜是否漏气	试验方法：采用常规的不固结不排水试验，土样含水率的变化采用预湿法，配制好的土样放在保湿缸内静置的时间不少于 24h，土样含盐量采用直接人工配制，然后击实成型	剪切应变速率：试验用土为粉土和粉质黏土，按每分钟应变为 0.5%～1.0% 进行剪切，试验设定的剪切速度为 0.8mm/min	剪切过程读数标准：数据的采集是计算机自动控制，读数标准定为每 10s 读数一次。试验中，应力无峰值时，取应变 $\varepsilon = 15\%$ 所对应的偏应力值为破坏时的极限应力圆的直径，轴向应变变化到 20% 结束

试验土样采用新疆维吾尔自治区省道 201 线(S201)克拉玛依至榆树沟一级公路沿线低液限粉土类硫酸盐渍土，试样易溶盐离子含量和基本参数见表 2.2 和表 2.3。

表 2.2　S201 线低液限粉土试样易溶盐离子含量

土类	离子含量/%						总含盐量/%
	CO_3^{2-}	HCO_3^-	Cl^-	SO_4^{2-}	Ca^{2+}	Mg^{2+}	
低液限粉土	0.023	0.007	0.574	1.008	0.409	0.074	4.27

表 2.3　S201 线低液限粉土试样基本参数

土类	液限 ω_L/%	塑限 ω_p/%	塑性指数 I_p/%	最优含水率 w_{op}/%	最大干密度 /(g/cm³)	盐渍土类别
低液限粉土	25.7	16.7	9.0	14.2	1.83	氯化物硫酸盐渍土强盐渍土

2.1.1　不同条件下细粒盐渍土应力-应变特性

盐渍土试样在偏应力 $(\sigma_1 - \sigma_3)$ 作用下的应力-应变关系是研究盐渍土变形和强度的基础。

1. 相同含水率、含盐量，不同围压时的应力-应变特征

图 2.3 为试样在天然含盐量下相同初始含水率、不同围压时的 $(\sigma_1 - \sigma_3)$-ε_1 关系曲线；图 2.4 为试样在初始含水率下相同含盐量、不同围压时的 $(\sigma_1 - \sigma_3)$-ε_1 关系曲线。

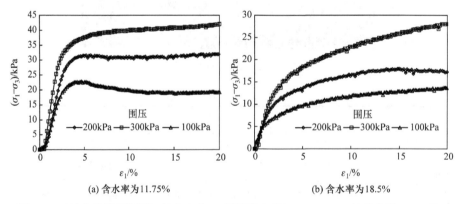

(a) 含水率为11.75%　　　　　　　　(b) 含水率为18.5%

图 2.3　天然含盐量下相同初始含水率、不同围压下的 $(\sigma_1 - \sigma_3)$-ε_1 关系曲线(S201 线)

通过对图 2.3 和图 2.4 的 $(\sigma_1 - \sigma_3)$-ε_1 关系曲线变化趋势对比分析可得出，在含水率、含盐量一定的情况下，盐渍土的应力-应变曲线没有明显的峰值。土体受荷时，偏应力 $(\sigma_1 - \sigma_3)$ 随着土体的变形而不断增大。

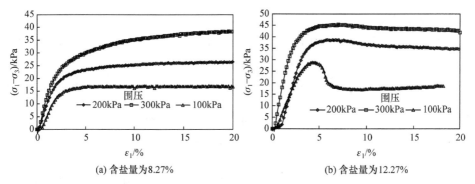

(a) 含盐量为8.27%   (b) 含盐量为12.27%

图 2.4 初始含水率下相同含盐量、不同围压下的 $(\sigma_1-\sigma_3)$-ε_1 关系曲线(S201 线)

2. 相同围压，不同含水率、含盐量时的应力-应变特征

图 2.5 为试样在相同围压不同含水率时的 $(\sigma_1-\sigma_3)$-ε_1 关系曲线；图 2.6 为试样在相同围压不同含盐量时的 $(\sigma_1-\sigma_3)$-ε_1 关系曲线。

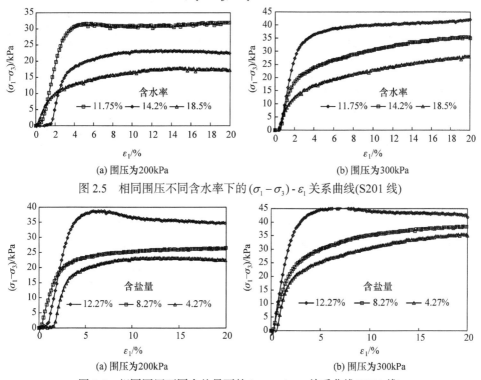

(a) 围压为200kPa   (b) 围压为300kPa

图 2.5 相同围压不同含水率下的 $(\sigma_1-\sigma_3)$-ε_1 关系曲线(S201 线)

(a) 围压为200kPa   (b) 围压为300kPa

图 2.6 相同围压不同含盐量下的 $(\sigma_1-\sigma_3)$-ε_1 关系曲线(S201 线)

从图 2.5 可看出，在轴向应变相同的条件下，偏应力随着含水率的增加而变小。其主要原因是盐渍土中结晶盐的溶解与析出，土体含水率较高时，结晶盐的溶解会使土粒间的黏聚力减低，强度减弱；含水率较低时，结晶盐的析出使土体

胶结，强度提高。

由图 2.6 可以看出，轴向应变相同时，随着初始含盐量的增大，偏应力增大。这主要是因为过多的盐晶体填充于土孔隙中时，成为土骨架的一部分且起重要的胶结作用，使抗剪强度随含盐量的增加而增大。应力-应变曲线升高的幅度随着含盐量变化也有显著的差异，在含盐量较小时，由此引起的应力-应变曲线呈加工硬化型，随着含盐量的增大，应力-应变曲线具有明显的峰值。

2.1.2　极限强度与含水率、含盐量、围压的关系

盐渍土在相同初始含盐量(含水率)下极限强度 $(\sigma_1 - \sigma_3)_f$ 与围压、初始含水率(含盐量)的关系如图 2.7～图 2.10 所示。

从图 2.7～图 2.10 可以看出，同一围压下，土体的极限强度随初始含水率的增加而降低，随初始含盐量的增加而增大；在同一初始含水率和初始含盐量范围内，土体的极限强度随着围压的增加而增大。

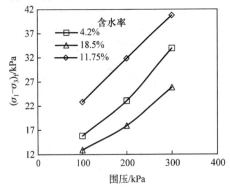

图 2.7　相同初始含盐量下极限强度与围压的关系(S201 线)

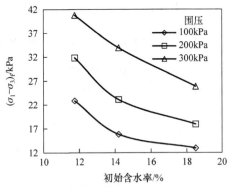

图 2.8　相同初始含盐量下极限强度与初始含水率的关系(S201 线)

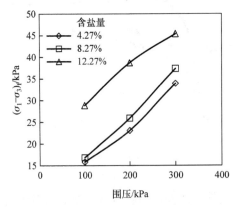

图 2.9　相同初始含水率下极限强度与围压的关系(S201 线)

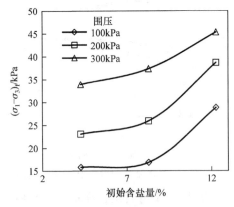

图 2.10　相同初始含水率下极限强度与初始含盐量的关系(S201 线)

2.1.3　体变特征与应变的关系

1. 相同含水率、含盐量，不同围压时的体变特征与应变关系

图 2.11 为试样在天然含盐量下，相同含水率、不同围压时的体积变化量与应变(ΔV-ε_1)关系曲线；图 2.12 为试样在初始含水率下，相同含盐量、不同围压时的 ΔV-ε_1 关系曲线。

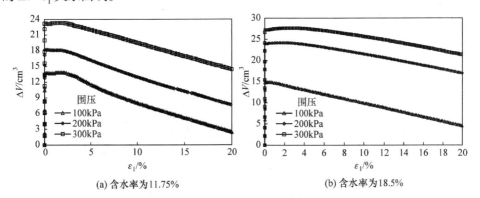

(a) 含水率为11.75%　　　　　　　　　(b) 含水率为18.5%

图 2.11　天然含盐量下相同含水率、不同围压下的 ΔV-ε_1 关系曲线(S201 线)

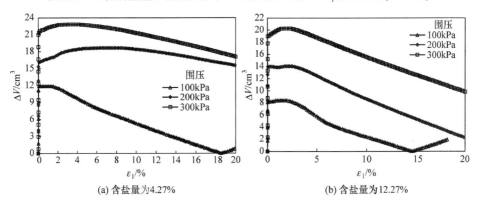

(a) 含盐量为4.27%　　　　　　　　　(b) 含盐量为12.27%

图 2.12　初始含水率下相同含盐量、不同围压下的 ΔV-ε_1 关系曲线(S201 线)

由图 2.11 和图 2.12 可看出，在不同含水率和含盐量情况下，围压变化导致的 ΔV-ε_1 关系曲线的变化趋势基本相似，随着轴向应变的增大，体积变化量都是由大变小。试样含水率高时的体积变化量比含水率低时的体积变化量大；试样含盐量低的体积变化量比含盐量高的体积变化量大。

2. 相同围压，不同含水率、含盐量时的体变特征与应变关系

图 2.13 为试样在相同围压不同含水率时的 ΔV-ε_1 关系曲线；图 2.14 为试样在相同围压不同含盐量时的 ΔV-ε_1 关系曲线。

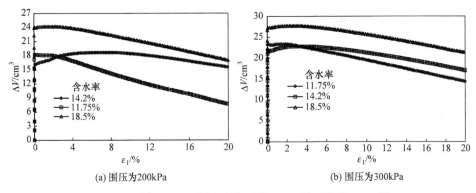

图 2.13　相同围压、不同含水率下的 ΔV-ε_1 关系曲线(S201 线)

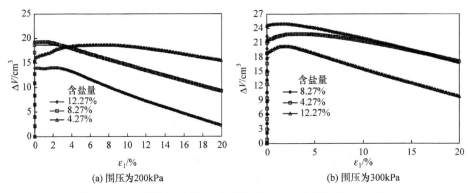

图 2.14　相同围压、不同含盐量下的 ΔV-ε_1 关系曲线(S201 线)

　　由试验结果分析可知，随着含水率的增加，体积变化量不断增大；随着含盐量的增加，体积变化量不断减小。主要原因是盐渍土中的盐分作为土的组成部分，在土中起充填或胶结土粒的作用，因此含盐量的变化及所含盐分类型的变化，必然导致土的强度变化。当土中含水率达到一定值，盐分开始溶解于水中，甚至在渗透水的作用下，盐分被溶解后带出土体，经过一定的时间，使土的结构、胶结程度发生变化。

2.2　冻融条件下的盐渍土抗剪强度变化特征

　　为了研究不同土类盐渍土在经历不同冻融周期后的强度变化特征，选取新疆喀什地区岳普湖至英吉沙公路沿线低液限黏土、含砂低液限黏土类盐渍土，焉耆地区和硕至库尔勒高速公路沿线黏土类氯盐渍土作为本次试验土样。不同土类盐渍土经历不同冻融后，采用直剪试验方法分析冻融后试样每层土体的力学强度特性。冻融循环试验采用室内模拟方式，模拟自然界冬季的降温过程及次年春天升温过程。降温采用顶端温度保持–20℃不变，底端保持 5℃，升温采用室内温度自然升温。为了使试样的边界条件与自然条件下相似，在试样筒周围包裹保温材料，以防止试样与周围环境的热交换。将闷好的土料在 20℃条件下成型，即将准备好的土料分 12 次装入高 60cm，内径 15cm 的有机玻璃筒中，单向击实到所需干密度。每种土体的冻融循环次数设定为 3 次、5 次、7 次，每个冻融循环周期为 48h。每次试验结束后，去掉制冷头，将土样划分为 5 层，每层土体用环刀切取 4 个土样做直剪试验。

　　试验设备采用应变控制式直剪仪，试验前对测力环进行标定；试样直径为 61.8mm，高为 20mm；将冻融后的土体分 5 层，每 12cm 为一层，冷端(60cm 处)为第一层，以此类推，每层取 4 个环刀土样，并将每层的余土进行含水率测定；采用不固结不排水试验，加荷等级依次为 100kPa、200kPa、300kPa、400kPa；设定的剪切速度为 0.8mm/min，使试样在 3～5min 破坏，应力无峰值时，则按规程破坏，以位移变形量达到 4mm 即变形控制为 15%时作为最大的偏应力，同时位移变形量进行到 6mm，即应变达 20%时停止。

　　在喀什地区岳普湖至英吉沙公路沿线的天然盐渍土中选取低液限黏土、含砂低液限黏土类盐渍土进行强度特性试验研究，两种试验土样易溶盐离子含量和基本参数见表 2.4 和表 2.5。焉耆地区和硕至库尔勒高速公路沿线粉土类氯盐渍土试样易溶盐离子含量和基本参数见表 2.6 和表 2.7。

表 2.4　喀什地区黏土试样易溶盐离子含量

土类	离子含量/%							总含盐量/%
	CO_3^{2-}	HCO_3^-	Cl^-	SO_4^{2-}	Ca^{2+}	Mg^{2+}	$K^+ + Na^+$	
低液限黏土	0.0034	0.0068	0.9054	1.0254	0.3376	0.2069	0.3048	2.854
含砂低液限黏土	0.0050	0.0068	0.9523	1.0213	0.3510	0.2128	0.2666	3.256

表 2.5　喀什地区黏土试样基本参数

土类	液限 ω_L/%	塑限 ω_p/%	塑性指数 I_p/%	最优含水率 w_{op}/%	最大干密度 /(g/cm³)	盐渍土类别
低液限黏土	36.64	20.09	16.55	15.8	1.81	氯化物硫酸盐渍土强盐渍土
含砂低液限黏土	27.06	12.16	14.9	11.8	1.86	氯化物硫酸盐渍土强盐渍土

表 2.6　焉耆地区粉土试样易溶盐离子含量

土类	离子含量/%						总含盐量/%
	CO_3^{2-}	HCO_3^-	Cl^-	SO_4^{2-}	Ca^{2+}	Mg^{2+}	
低液限粉土	0.0882	0.0943	2.4086	1.0448	0.8400	0.1492	5.9883

表 2.7　焉耆地区粉土试样基本参数

土类	液限 ω_L/%	塑限 ω_p/%	塑性指数 I_p/%	最优含水率 w_{op}/%	最大干密度 /(g/cm³)	盐渍土类别
低液限粉土	33.00	17.00	16.00	15.72	1.900	氯盐渍土 强盐渍土

2.2.1　低液限黏土抗剪强度变化特征

低液限黏土经过 3 次、5 次、7 次冻融循环后，黏聚力、内摩擦角随土样高度变化关系曲线如图 2.15 和图 2.16 所示。

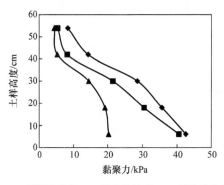

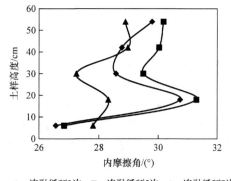

<table>
<tr><td>图 2.15　不同冻融循环次数低液限黏土黏聚力剖面(喀什地区)</td><td>图 2.16　不同冻融循环次数低液限黏土内摩擦角剖面(喀什地区)</td></tr>
</table>

从图 2.15 可看出，低液限黏土冻融循环过程中试样的黏聚力以上小下大分布，并且随着冻融循环次数的增加，各土层的黏聚力不断降低。起初降低的主要原因是含水率的变化引起盐渍土中溶盐量的变化。盐渍土中所含易溶盐或是以固体形态存在于土颗粒之间，或是以离子形式存在于土内孔隙水中，其中以离子形式存在的易溶盐在土孔隙中起不到骨架作用，而以固体形态存在的盐晶体在土中成为土骨架的一部分，起重要的胶结作用，从而使土的内摩擦角及黏聚力增大。冻融过程中水分不断向上迁移，当含水率增加时，土中的结晶盐被溶解，土颗粒的水化膜增厚，使土颗粒间黏聚力削弱，并且盐渍土中的固体颗粒减少而其密度降低，因此土体黏聚力下降。随着冻融循环次数的增加，含有硫酸盐的盐渍土在降温时硫酸盐吸水结晶，体积增大，促使土颗粒间发生错位、移动，使土体膨胀；温度升高时，硫酸盐脱水，体积变小，致使土体疏松。如此反复，使土体强度降低很快。距冷端面较近处土体黏聚力较低，这主要是冻融循环时冷端面附近水分迁移量较大，多次冻融循环后，冷端面土体含水率较大，已接近液限，强度很低。

由图 2.16 可看出,低液限黏土冻融循环过程中试样中内摩擦角第一层和第四层较大,第三层和底层较小,呈 S 形分布。随着冻融循环次数的增加,各土层的内摩擦角先增大然后不断降低。内摩擦的物理过程由两个部分组成,一是颗粒之间滑动时产生的滑动摩擦;二是颗粒之间脱离咬合状态而移动所产生的咬合摩擦。滑动摩擦是颗粒接触面粗糙不平引起的,与颗粒的形状、矿物组成、级配等因素有关。咬合摩擦是指相邻颗粒对于相对移动的约束作用。

2.2.2 含砂低液限黏土抗剪强度变化特征

含砂低液限黏土经过 3 次、5 次、7 次冻融循环后,黏聚力、内摩擦角随土样高度变化关系曲线如图 2.17 和图 2.18 所示。

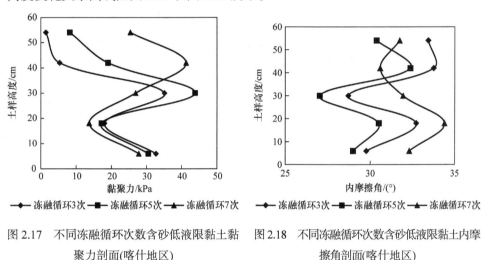

图 2.17 不同冻融循环次数含砂低液限黏土黏 聚力剖面(喀什地区)

图 2.18 不同冻融循环次数含砂低液限黏土内摩 擦角剖面(喀什地区)

从图 2.17 可以看出,含砂低液限黏土冻融循环过程中试样的黏聚力呈反 S 形分布,与低液限黏土黏聚力剖面差异较大,最顶层黏聚力较小,第三层最大。随着冻融循环次数的增加,试样上部土层的黏聚力先是降低,冻融循环 3 次后逐渐增加。这主要是含砂低液限黏土试样冻融循环过程中,冷端面附近土体的含水率均不断地增加,土中的结晶盐被溶解,土颗粒的水化膜增厚,使土颗粒间黏聚力削弱,黏聚力下降。第一层盐分含量增长较缓慢,但冻融循环 3 次后累积量逐渐增大。固体形态存在的盐晶体在土中成为土骨架的一部分,起重要的胶结作用,含砂低液限黏土渗透性较好,第一层水分在升温阶段向下渗流,含水率降低,虽然有一部分盐分被水带走,但是大部分盐分还是以结晶体形式留在了第一层,第一层处的黏聚力逐渐增大。冻融循环过程中,含砂低液限黏土的第三层处黏聚力最大。这主要原因是第三层盐分含量随冻融周期的增加,不断增大且增大量最大。又由于第三层含水率增长缓慢,第三层处的黏聚力最大。

从图 2.18 可看出,含砂低液限黏土冻融循环过程中,试样各层的内摩擦角总体变化趋势是：随着冻融周期次数的增加，内摩擦角先减小后逐渐增大。不同冻融循环次数时，低液限黏土试样内摩擦角呈S形分布。这主要是冻融循环过程中水分迁移、盐分迁移、盐胀综合作用的结果。

2.2.3 低液限粉土抗剪强度变化特征

低液限粉土的黏聚力与冻融循环次数的关系曲线、黏聚力随土样高度变化的关系曲线、内摩擦角与冻融循环次数的关系曲线分别如图2.19、图2.20、图2.21所示。

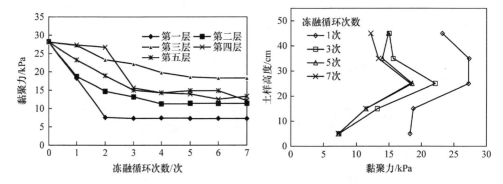

图2.19 低液限粉土黏聚力与冻融循环次数的 关系曲线(焉耆地区)

图2.20 低液限粉土黏聚力随土样高度变化 的关系曲线(焉耆地区)

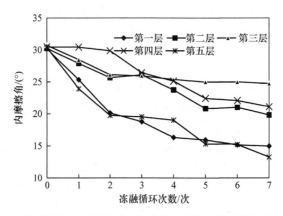

图2.21 低液限粉土内摩擦角与冻融循环次数的关系曲线(焉耆地区)

由图2.19可看出，低液限粉土试样不同土样高度黏聚力随着冻融循环次数的增加逐渐减小。第一层土由于距离上部制冷端较近，土体受温度影响较为直接，反应速度也较快，黏聚力的变化大部分发生在第1次和第2次冻融循环过程中。第三层土距离制冷端上部和下部都较远，受温度影响需要一定的时间，因此黏聚力随冻融循环变化比较缓慢，而且是试验当中黏聚力变化量最小的土层。第四层和第五层距离下部制冷端较近，因此受到的影响也比较大。

由图 2.20 可看出，冻融循环时土样的黏聚力呈两头小中间大趋势，且随着冻融循环次数的增加，同一位置处的黏聚力不断降低。

由图 2.21 可看出，各土层内摩擦角随着冻融循环次数的增加而减小，其规律和黏聚力的变化规律极其相似。第一层和第二层土的内摩擦角变化量绝大部分发生在第 1 次和第 2 次冻融循环过程中，且受冻融循环影响比较严重。第三层土的内摩擦角变化较为缓慢，且受冻融循环影响较小。

综上所述，对强度参数造成影响的主要因素有冻融循环次数、水分迁移和晶体析出等。在温度变化过程中，盐分会发生结晶—溶解—结晶的反复变化，导致土体内部结构的变化，从而影响了土体抗剪强度。在冻融循环条件下，由于 Na_2SO_4 的结晶，土体中土颗粒的相互位置和变形与以前相比有很大不同。在温度场、毛细水、薄膜水等作用下，第一次冻结过程中析出晶体的地方，第二次冻结时不一定有晶体析出。硫酸盐晶体从溶液中析出时对周围存在挤压，在一定程度上破坏了土的原有结构，改变了土的抗剪强度参数。反复冻融过程是土颗粒密度场、水分场、应力场重新排列的过程。干容重较大的土体反复冻融作用下将会变得松散，密度降低；而对于干容重较小的土体，冻融过程是土体密实过程，在试验开始时，融化产生的沉降量大于冻结时的盐冻胀量。但不论干容重大或小的土体，经过反复冻融循环，最终的沉降量基本上和冻胀量持平，达到新的动态平衡状态，土体的干容重不再随冻融循环次数的变化而变化，土体结构趋于稳定，抗剪强度也相对趋于稳定。

2.3　盐渍土水盐迁移规律

路基土盐胀的形成是土体内 Na_2SO_4 迁移聚积、结晶体膨胀和土体膨胀三个过程的综合结果。土体毛细水上升、水汽蒸发和低温作用是促使盐水向上迁移聚积的基本条件。Na_2SO_4 在微迁移过程中，会在土粒接触点产生聚积结晶，这是导致盐胀剧增并引起土体变形破坏的关键。盐胀变化是通过物理变化和化学变化进行的，表现为盐渍土的结构重整、膨胀或收缩、分散性、应变率加大、强度降低，影响公路的使用寿命。研究不同土类易溶盐的迁移规律及力学强度特性，对盐渍土地区公路盐渍土病害防治具有重要意义。

选取喀什地区岳普湖至英吉沙公路沿线低液限黏土、含砂低液限黏土类盐渍土作为本次试验研究土样,土样颗粒组成见表 2.8,易溶盐离子含量和基本参数见表 2.4 和表 2.5。

表 2.8　喀什地区黏土试样颗粒组成

土类	不同粒径范围颗粒质量分数/%				
	>0.074mm	0.074~0.01mm	0.01~0.005mm	0.005~0.002mm	<0.002mm
低液限黏土	20.19	32.45	22.10	17.08	7.18
含砂低液限黏土	34.94	62.27	1.10	1.48	0.21

采用室内模拟试验,模拟自然界冬季的降温过程及来年春天升温过程。降温采用顶端温度保持–20℃不变,底端保持 5℃,升温采用室内温度自然升温。结合当地自然环境,考虑地下水的补给,采用开放系统试验,从底端自下而上补水。为了使试样的边界条件与自然条件下相似,在试样筒周围包裹保温材料,以防止试样与周围环境的热交换。将闷好的土料在 20℃条件下成型,即将准备好的土料分次装入有机玻璃筒中,单向击实到所需干密度。土样分五段,每段插有温度传感器监控。为了研究不同土类盐渍土在经历不同冻融循环次数后的易溶盐迁移规律,每种土体的冻融循环次数设定为 3 次、5 次、7 次,每个冻融循环周期为 48h。每次试验结束后,去掉制冷头,将土样划分为五层,每层分别取出适量土样,按《公路土工试验规程》进行含水率和易溶盐分析。

2.3.1　低液限黏土水盐迁移规律

低液限黏土试样在经历不同冻融周期后的离子含量和含水率剖面如图 2.22~图 2.27 所示。

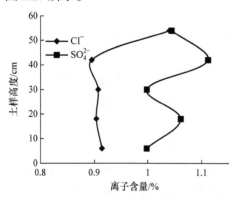

图 2.22　喀什地区低液限黏土冻融循环
3 次离子含量剖面

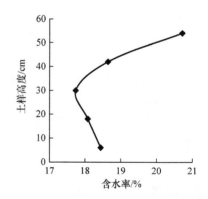

图 2.23　喀什地区低液限黏土冻融循环
3 次含水率剖面

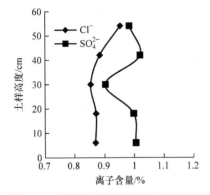

图 2.24　喀什地区低液限黏土冻融循环
5 次离子含量剖面

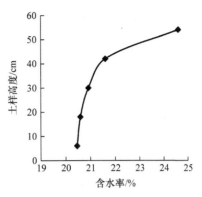

图 2.25　喀什地区低液限黏土冻融循环
5 次含水率剖面

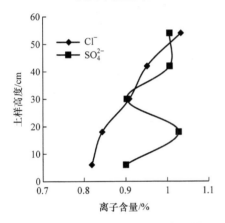

图 2.26　喀什地区低液限黏土冻融循环
7 次离子含量剖面

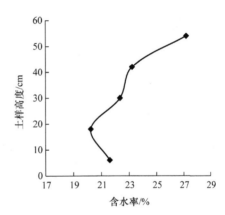

图 2.27　喀什地区低液限黏土冻融循环
7 次含水率剖面

　　由图 2.22 和图 2.23 可见,低液限黏土试样经历 3 次冻融循环时中间层水分不断地向冷端方向迁移,第四层和第五层水分迁移微弱。冷端附近迁移量最大,主要原因是冷端附近温度梯度大,并且土样含盐量较高,冰点降低,水分从高温区向低温区迁移。Cl^-迁移主要发生在冷端附近,由第二层向第一层迁移。这主要是冷端附近的水分迁移较大,并且 NaCl 的溶解度受温度影响较小,因此随水分一起向冷端迁移。第三层到第五层之间基本保持不变。SO_4^{2-} 的迁移主要发生在第二层和第四层,在冷端附近迁移很微弱。主要是 Na_2SO_4 的溶解度受温度的影响较大,还未迁移到顶端时已经析出。低液限黏土试样经历 3 次冻融循环时水分、离子迁移主要发生在靠近冷端的三层,这主要是因为水分、离子的迁移均需要考虑通道和连续性,前 3 次冻融循环中土样底部的迁移通道还未形成。

　　由图 2.24 和图 2.25 可见,低液限黏土试样经历 5 次冻融循环时各层水分均开始不断地向冷端方向迁移,说明整体土样的迁移通道已基本形成,顶端含水率不断加大。中间层位的 Cl⁻也开始向顶端迁移，SO_4^{2-}主要由第三层向第二层迁移，也逐渐向顶层迁移。

由图 2.26 和图 2.27 可见，低液限黏土试样经历 7 次冻融循环时，各层水分继续不断地向冷端方向迁移，顶端含水率不断加大。第四层向第三层水分迁移量较大，第二层和第三层含水率相近。Cl⁻整体迁移量明显加大，试样上部 Cl⁻含量明显大于试样下部。SO_4^{2-}主要由第三层向冷端迁移，制冷头附近的离子含量逐渐加大，与试样第二层处的含量相近，同时第四层迁移量也较大。

由图 2.28 可见，低液限黏土试样冻融循环过程中，各层土体的含水率不断增加。第一层增长量最大，第二层次之，第三到第五层之间增长量相近。

由图 2.29 可见，试样中 Cl⁻的含量变化各层相差较大。第一层中 Cl⁻的含量持续不断地增加，第二层和第三层中 Cl⁻的含量在前五个冻融循环次数中逐渐降低，在后两个冻融循环次数中逐渐增大。第四层和第五层 Cl⁻含量随冻融循环次数的增加逐渐降低。

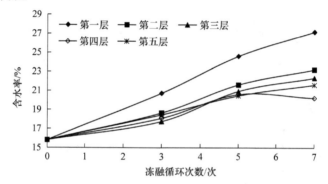

图 2.28　喀什地区低液限黏土冻融循环过程中各土层的含水率变化曲线

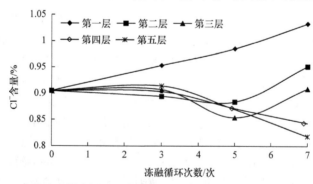

图 2.29　喀什地区低液限黏土冻融循环过程中各土层的 Cl⁻含量变化曲线

由图 2.30 可见，试样中 SO_4^{2-}的含量变化差异也较大。第一层中 SO_4^{2-}的含量持续稳步增长，第二层和第四层中 SO_4^{2-}在前 3 次冻融循环中逐渐增大，在后几次循环中又逐渐降低。第三层中 SO_4^{2-}在冻融过程中始终降低。

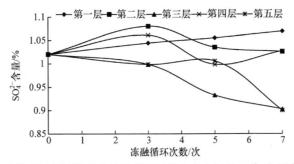

图 2.30 喀什地区低液限黏土冻融循环过程中各土层的 SO_4^{2-} 含量变化曲线

2.3.2 含砂低液限黏土水盐迁移规律

含砂低液限黏土试样在经历不同冻融循环次数时的离子含量和含水率剖面如图 2.31～图 2.36 所示。

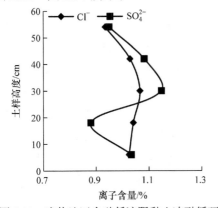

图 2.31 喀什地区含砂低液限黏土冻融循环
3 次离子含量剖面

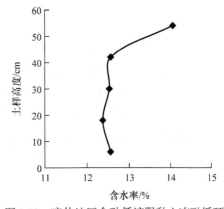

图 2.32 喀什地区含砂低液限黏土冻融循环
3 次含水率剖面

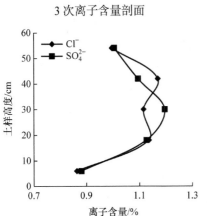

图 2.33 喀什地区含砂低液限黏土冻融循环
5 次离子含量剖面

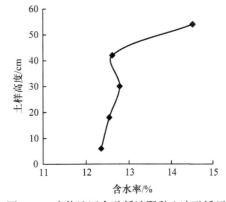

图 2.34 喀什地区含砂低液限黏土冻融循环
5 次含水率剖面

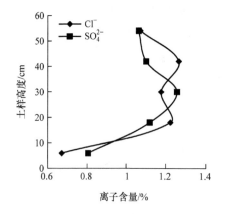

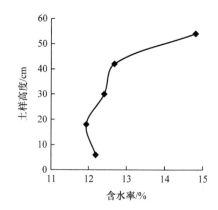

图 2.35 喀什地区含砂低液限黏土冻融循环 7 次离子含量剖面

图 2.36 喀什地区含砂低液限黏土冻融循环 7 次含水率剖面

由图 2.31 和图 2.32 可见，含砂低液限黏土试样经历 3 次冻融循环时，冷端附近水分迁移量最大，这主要是因为冷端附近温度梯度大，并且土样含盐量较高，冰点降低，水分从高温区向低温区迁移。第二层至第五层之间由于迁移通道还未形成，迁移变化较微弱。Cl^- 迁移主要发生在中间层位，并且含量明显大于两端，这与低液限黏土不同。SO_4^{2-} 迁移主要发生在第四层向第三层迁移。含砂低液限黏土冷端处离子含量较低，这主要是因为含砂低液限黏土渗透性较好。降温阶段水分向冷端迁移，盐分随水溶液向上迁移；升温阶段，由于渗透性较好，水分易于向下渗透，盐分随之也被带走。并且盐分溶解度受温度的影响较大，还未迁移到顶端时已经析出。综合作用下导致顶层含盐量较低。

由图 2.33 和图 2.34 可见，含砂低液限黏土试样经历 5 次冻融循环时各层水分均开始不断地向冷端方向迁移，说明整体土样的迁移通道已基本形成，顶端含水率不断加大，第三层含水率次之。离子迁移量继续保持中间层位大，两端增长较缓慢。第三层 Cl^- 向第二层迁移量加大，SO_4^{2-} 第三层含量最大。离子含量剖面与含水率剖面并非完全对应，主要是冻结过程中，新相形成和溶液结冰脱盐的影响。

由图 2.35 和图 2.36 可见，含砂低液限黏土试样经历 7 次冻融循环时各层水分继续不断地向冷端方向迁移，顶端含水率不断加大。离子含量剖面图形状与冻融循环 5 次时的相似，只是各层含量均有所增加。

总体来说，含砂低液限黏土试样中的 SO_4^{2-} 和 Cl^- 均随水分向冷端面迁移，但是离子含量分布规律与低液限黏土不同，离子含量呈现中间大两端小的趋势。离子剖面图中，离子含量最小有时并非出现在试样底端，而是在底端向上一层中，这是因为在水气迁移过程中，大量离子仍然留在液态水中。

　　由图 2.37 可见，含砂低液限黏土试样冻融循环过程中，冷端第一层土体的含水率均不断增加。第一层增长量最大，第二层到第五层之间含水率增长量相近，增长幅度较小。由图 2.38 可见，试样中各层的 Cl^- 含量在冻融循环过程中变化差异较大。试样底层处的 Cl^- 冻融前 3 次含量变化不大，后 4 次循环中含量下降较快。试样第一层的 Cl^- 含量增长较缓慢。第二层至第四层 Cl^- 含量变化相近，逐渐增长。第 5 层 Cl^- 含量逐渐减少。由图 2.39 可见，试样中各层的 SO_4^{2-} 含量变化较复杂。第三层 SO_4^{2-} 含量随冻融循环次数的增加，不断增加。第二层次之，第一层增长较缓慢。第四层 SO_4^{2-} 含量随冻融循环次数的增加先降低，然后逐渐增加。第五层反之。含砂低液限黏土离子迁移量与水分迁移量之间并没有完全对应，这主要是含砂低液限黏土渗透性大，盐分溶解度受温度的影响较大，水气迁移过程中离子仍然留在液态水中等因素的影响。

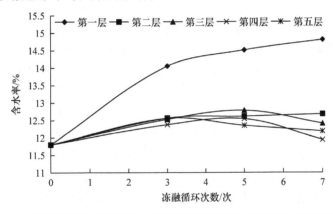

图 2.37　喀什地区含砂低液限黏土冻融循环过程中各土层的含水率变化曲线

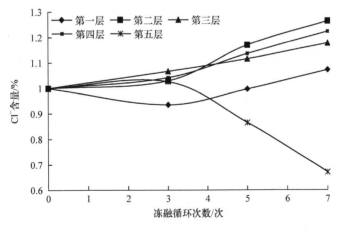

图 2.38　喀什地区含砂低液限黏土冻融循环过程中各土层的 Cl^- 含量变化曲线

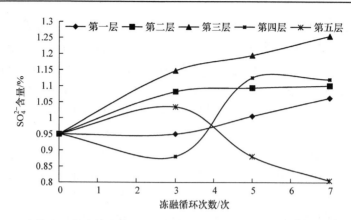

图 2.39　喀什地区含砂低液限黏土冻融循环过程中各土层的 SO_4^{2-} 含量变化曲线

综上所述，低液限黏土、含砂低液限黏土试样经历不同冻融循环次数后，由试样各层实测得出的水分、盐分沿高度的分布量可知，水分、盐分从总体上是由试样下部向冷端迁移的，但沿试样高度却不是按线性规律等量向上迁移的，其原因主要是土壤的微观结构，如土体孔隙大小、土颗粒的粒径大小及其级配、矿物成分等特征在土体中的分布具有随机性，再者土体中的盐分在降温过程中结晶受外界因素的影响，如温度、NaCl 和 Na_2SO_4 含量比值等，析出量也是随机变化的，这些因素使土体中水分、盐分的迁移和结晶呈现出一定的局部随机波动的特点，使得水分和盐分沿试样高度分布表现出一定的局部波动性。

低液限黏土、含砂低液限黏土试样水分沿试样高度的重分布均为上大下小，即水分向试样冷端迁移。低液限黏土试样盐分的重分布与水分的重分布有很大的一致性，总体来讲是上大下小。冻融循环过程中水分向上方迁移量较多时，其盐分的迁移量也较多。但从局部层位来看，水分、盐分的重分布又具有随机性的特点。低液限黏土试样中 Cl^- 向中部、上部的迁移量比 SO_4^{2-} 大。这是因为 NaCl 的溶解度随温度变化不大，随着温度的下降，Cl^- 的浓度变化不大，而 SO_4^{2-} 的浓度却不断减小，并且 Cl^- 具有抑制 SO_4^{2-} 迁移的能力，所以降温时当水分向试样中部、上部迁移时所携带的 Cl^- 较多。低液限黏土试样的盐胀量随冻融周期的增加而逐渐降低，这与试样中部、上部 Cl^- 增加有直接的关系。已有研究发现，增大 Cl^- 与 SO_4^{2-} 含量比值对盐胀有抑制作用。

含砂低液限黏土试样盐分的重分布与水分的重分布并没有完全对应。冻融循环过程中水分向上方迁移量较多时，其盐分的迁移量与水分的迁移量不成正比。含水率呈现上大下小，离子含量呈现中间大两端小的趋势，主要原因是含砂低液限黏土渗透性较好。降温阶段水分向冷端迁移，盐分随水溶液向上迁移；升温阶段，由于含砂低液限黏土渗透性较好，水分易于向下渗透，盐分随之也被带走，并且盐分溶解度受温度的影响较大，还未迁移到顶端时已经析出，因此离子含量呈现中间大两端小的趋势。含砂低液限黏土试样中，SO_4^{2-}向中、上部的迁移量比Cl^-大，这与NaCl的溶解度随温度变化不大有关。升温阶段，水分中的SO_4^{2-}浓度较低，Cl^-浓度较高，水分向下渗透时大量Cl^-被带走。含砂低液限黏土试样冻融循环过程中的盐胀量较大，并且累加性较好，这与试样中SO_4^{2-}向中、上部的迁移量比Cl^-大有直接关系，Na_2SO_4是盐胀的主导因素。

2.4 盐渍土微观结构机制

在所有研究土体结构的技术中，电子显微分析技术是唯一能直接、真实地揭示土体中土颗粒尺度、形态、颗粒间相互关系的分析测试方法。选用焉耆地区细粒盐渍土(低液限黏土中氯盐渍土)和嘉峪关地区粗粒盐渍土(粗砂硫酸盐渍土)，用扫描电子显微镜方法(图 2.40)对经过不同冻融周期的盐渍土的微观结构进行分析。扫描电子显微镜是用聚焦电子束在试样表面逐点扫描成像，试样各点状态不同，显像管各点相应的亮度也会不同，由此得到的像是试样状态的反映，其放大倍数可从几十倍到上万倍，连续可调，观察试样极为方便。

焉耆地区低液限黏土中氯盐渍土和嘉峪关地区粗砂硫酸盐渍土试样分别经过3次、5次、7次冻融循环试验后取样，试样风干完成后加热及干燥处理，经干燥之后，用两面胶固定在样品台上，用银导电胶粘好，在离子镀膜仪中喷金，喷金完毕送入扫描电子显微镜进行观察。工作电压为20kV，取合适的视场和放大倍数，聚焦清楚后拍照。

图 2.40 扫描电子显微镜试验

　　焉耆地区低液限黏土中氯盐渍土和嘉峪关地区粗砂硫酸盐渍土试样基本参数见表 2.9 和表 2.10。

表 2.9　焉耆地区低液限黏土中氯盐渍土试样基本参数

土类	液限 ω_L/%	塑限 ω_p/%	塑性指数 I_p/%	最优含水率 ω_{op}/%	最大干密度 /(g/cm³)	总含盐量 /%	盐渍土类别
低液限黏土	38.36	18.07	20.29	16.01	1.863	2.4495	氯盐渍土 中盐渍土

表 2.10　嘉峪关地区粗砂硫酸盐渍土试样基本参数

土类	颗粒质量分数/%			最优含水率 ω_{op}/%	最大干密度 /(g/cm³)	总含盐量/%	盐渍土类别
	粒径 60～2mm	粒径 2～0.074mm	粒径 <0.074mm				
粗砂	39.67	55.11	5.22	6.8	2.38	2.8463	亚硫酸盐 强盐渍土

2.4.1　细粒盐渍土盐胀特性的微观机制

　　焉耆地区细粒盐渍土经过 3 次、5 次、7 次冻融循环后的微观结构图如图 2.41～图 2.43 所示。照片中白色的为无水 Na_2SO_4 粉末状晶体(因为析出的芒硝晶体在极干燥的条件下失水变成无水 Na_2SO_4)，灰色的为土体，而黑色的为孔隙。

(a) 试样放大 1000 倍的电镜照片　　　　　(b) 试样放大 2000 倍的电镜照片

图 2.41　细粒盐渍土冻融循环 3 次后试样放大 1000 倍和 2000 倍的电镜照片(焉耆地区)

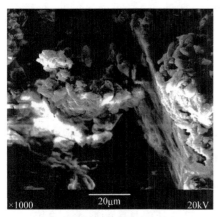

(a) 试样放大1000倍的电镜照片　　　　　　(b) 试样放大2000倍的电镜照片

图 2.42　细粒盐渍土冻融循环 5 次后试样放大 1000 倍和 2000 倍的电镜照片(焉耆地区)

(a) 试样放大1000倍的电镜照片　　　　　　(b) 试样放大2000倍的电镜照片

图 2.43　细粒盐渍土冻融循环 7 次后试样放大 1000 倍和 2000 倍的电镜照片(焉耆地区)

由图 2.41~图 2.43 可以看出，细粒盐渍土在经历 3 次和 5 次冻融循环后土体中有大量晶形完整、粗大的晶体颗粒与土体颗粒共混，在经历 7 次冻融循环后可发现一些细枝状晶体及聚集现象。冻融初期(3 次)，细粒盐渍土颗粒接触间的芒硝晶体析出并均匀分布在土颗粒表面。随着冻融循环次数的增多(5 次)，孔隙间的芒硝晶体析出积累到一定程度时，向孔隙间内部发育，孔隙增大，在孔隙未被完全充满时，土体已经发生盐胀，土体结构逐渐变得疏松，体积增大。随着冻融循环次数的进一步增多(7 次)，土体中晶体聚集，孔隙逐渐减小，土体结构逐渐变得相对紧密。焉耆地区细粒盐渍土在不同冻融循环次数的微观结构正好验证了其盐胀规律，如图 2.44 所示。

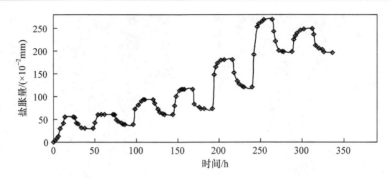

图 2.44　细粒盐渍土盐胀过程曲线(焉耆地区)

由微观结构分析可知，盐渍土失水过多，易溶盐以晶体的形式大量析出，土体微观结构为大量晶形完整、粗大的晶体颗粒与土体颗粒共混并高度聚集。这种形态特征将大大提高土体的抗剪强度，因此盐渍土在干燥条件下土层力学性能较好。当含盐土层有水渗入时，含水率的增加导致易溶盐大量溶解，土体微观结构为盐-土粒混溶态包裹土团粒的形态特征。在这种形态条件下，土体土颗粒间距较大，使黏聚力减小，并且盐溶液在土颗粒相互移动时起润滑作用，使内摩擦角减小，导致含盐土层的力学性能迅速降低。

2.4.2　粗粒盐渍土盐胀特性的微观机制

嘉峪关地区粗粒盐渍土冻融未盐胀以及经过 3 次、5 次、7 次、9 次冻融循环后的微观结构如图 2.45～图 2.49 所示。

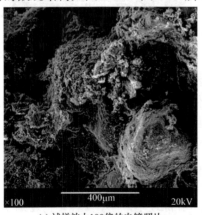
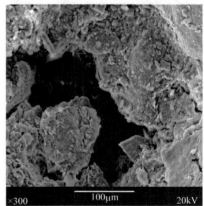

(a) 试样放大100倍的电镜照片　　　　　(b) 试样放大500倍的电镜照片

图 2.45　粗粒盐渍土冻融未盐胀试样放大 100 倍和 300 倍的电镜照片(嘉峪关地区)

 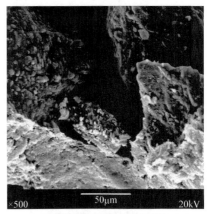

(a) 试样放大100倍的电镜照片   (b) 试样放大500倍的电镜照片

图 2.46 粗粒盐渍土冻融循环 3 次后试样放大 100 倍和 500 倍的电镜照片(嘉峪关地区)

(a) 试样放大100倍的电镜照片   (b) 试样放大500倍的电镜照片

图 2.47 粗粒盐渍土冻融循环 5 次后试样放大 100 倍和 500 倍的电镜照片(嘉峪关地区)

(a) 试样放大100倍的电镜照片   (b) 试样放大500倍的电镜照片

图 2.48 粗粒盐渍土冻融循环 7 次后试样放大 100 倍和 500 倍的电镜照片(嘉峪关地区)

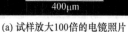

(a) 试样放大100倍的电镜照片　　　　　　　　(b) 试样放大500倍的电镜照片

图 2.49　粗粒盐渍土冻融循环 9 次后试样放大 100 倍和 500 倍的电镜照片(嘉峪关地区)

由图 2.45～图 2.49 可以看出，粗粒盐渍土的微观结构与细粒盐渍土的微观结构完全不同，土体结构呈现架空的点接触，具有大孔隙。粗粒盐渍土在经历 3 次和 5 次冻融循环后，土体中有大量晶形完整、粗大的晶体颗粒均匀地分布在土颗粒表面，在经历 7 次和 9 次冻融循环后，可发现一些晶体颗粒聚集成层现象。

由图 2.45～图 2.49 分析可知，含盐量较少时，粗粒盐渍土在未冻融条件下，颗粒之间是大孔隙结构，随着冻融次数的增多，土颗粒之间孔隙逐渐变小，土体结构逐渐变得紧密，体积逐渐缩小。随着冻融次数的继续增加(7 次以后)，土颗粒之间孔隙继续缩小，土体结构变得更加紧密，土体趋于稳定状态。嘉峪关地区粗粒盐渍土在不同冻融循环次数的微观结构正好验证了其盐胀规律，如图 2.50 所示。

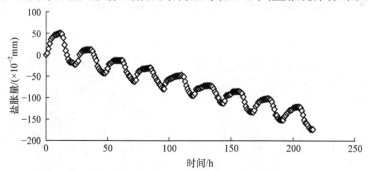

图 2.50　粗粒盐渍土盐胀过程曲线(嘉峪关地区)

2.5　本 章 小 结

在含水率、含盐量一定的情况下，盐渍土的应力-应变曲线没有明显的峰值。轴向应变相同时，盐渍土的应力-应变曲线随着初始含水率的增大，偏应力减小；

随着初始含盐量的增大，偏应力增大。在含盐量较小时，应力-应变曲线呈加工硬化型；随着含盐量的增大，应力-应变曲线具有明显的峰值。同一围压下，土体的极限强度随初始含水率的增加而降低，随初始含盐量的增加而增大。在同一初始含水率和含盐量范围内，土体的极限强度随着围压的增加而增大。在不同的含水率和含盐量的条件下，围压的变化所导致的 ΔV-ε_1 关系曲线的变化趋势基本相似，随着轴向应变的增大，体积变化量都是由大变小。

天然盐渍土的水分和盐分迁移总体上由试样下部向冷端迁移，但沿试样高度却不是按线性规律等量向上迁移，局部表现出随机波动的特点。低液限黏土试样盐分的重分布与水分的重分布有很大的一致性，总体来讲是上大下小；含砂低液限黏土试样冻融循环过程中离子含量分布规律与低液限黏土不同，离子剖面呈现中间大两端小的趋势。

低液限黏土冻融循环过程中试样的黏聚力以上小下大分布；含砂低液限黏土冻融循环过程中试样的黏聚力呈反 S 形分布。低液限黏土、含砂低液限黏土冻融循环过程中试样内摩擦角均呈 S 形分布。随着冻融循环次数的增加，低液限黏土各土层的内摩擦角先增加然后不断降低；含砂低液限黏土内摩擦角先减小然后逐渐增大。

细粒盐渍土在经历 3 次和 5 次冻融循环后土体中有大量晶形完整、粗大的晶体颗粒与土体颗粒共混，在经历 7 次冻融循环后可发现一些细枝状晶体及聚集现象。粗粒盐渍土在经历 3 次和 5 次冻融循环后土体中有大量晶形完整、粗大的晶体颗粒均匀地分布在土颗粒表面，在经历 7 次和 9 次冻融循环后可发现一些晶体颗粒聚集成层现象。粗粒盐渍土的微观结构与细粒盐渍土的完全不同，土体结构呈现架空的点接触，具有大孔隙。

第3章 细粒盐渍土盐胀特性

盐渍土的盐胀是土中液态或粉末状的 Na_2SO_4 在外界条件变化时吸水结晶产生体积膨胀造成的，而促使 Na_2SO_4 结晶的外界条件主要是温度的变化，这是因为 Na_2SO_4 的溶解度对温度的变化非常敏感，如图 3.1 所示。

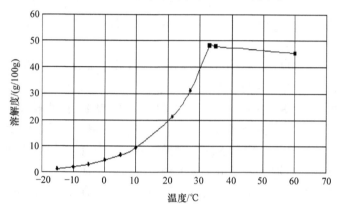

图 3.1 Na_2SO_4 的溶解度曲线

Na_2SO_4 的溶解度随温度的升高而增大，32.4℃时，溶解度达到峰值，高于或低于这个数值，溶解度都将降低。当低于 32.4℃，且温度是从高向低变化时，不论是溶解的 Na_2SO_4，还是以粉末状存在的 Na_2SO_4，都将吸收 10 个水分子而变成芒硝晶体，结晶 $Na_2SO_4 \cdot 10H_2O$ 的体积为无水 Na_2SO_4 的 3.1 倍。当温度从低向高变化或高于 32.4℃时，$Na_2SO_4 \cdot 10H_2O$ 很快溶解于水或恢复到原来的粉末状态，体积相对缩小。反应方程式为

$$Na_2SO_4 + 10H_2O \longrightarrow Na_2SO_4 \cdot 10H_2O \tag{3.1}$$

Na_2SO_4 吸水结晶，体积增大倍数为

$$V_0 = \frac{\dfrac{g_1}{\varDelta_1} - \dfrac{g_2}{\varDelta_2}}{\dfrac{g_2}{\varDelta_2}} = \left(\frac{g_1}{\varDelta_1} - \frac{g_2}{\varDelta_2} \right) \cdot \frac{\varDelta_2}{g_2} \tag{3.2}$$

式中，g_1 为 $Na_2SO_4 \cdot 10H_2O$ 的质量；$\varDelta_1$ 为 $Na_2SO_4 \cdot 10H_2O$ 的密度；g_2 为 Na_2SO_4 的质量；$\varDelta_2$ 为 Na_2SO_4 的密度。

将相应数据代入式(3.2)得

$$V_0 = \left(\frac{322}{1.48} - \frac{142}{2.68} \right) \times \frac{2.68}{142} \approx 3.1 \qquad (3.3)$$

路基土盐胀的形成，是土体内 Na_2SO_4 迁移聚积、结晶体膨胀和土体膨胀三个过程的综合结果。土体中 Na_2SO_4 的存在及迁移聚积是造成盐胀的物质基础。在自然地面下，由于蒸发强烈，盐分向地表层处聚积明显，而路基由于路面覆盖效应，蒸发强度与自然地面相比大大减弱，盐水迁移除受地下毛细水上升影响外，低温作用是主要的迁移条件，因而路基盐分聚积有其特殊的规律，积盐过程要靠多次降温才能实现。路基土盐分的运动规律是由温度较高处向较低处迁移，迁移强度顺序 $Cl^- > SO_4^{2-} > HCO_3^-$，$Na^+ > Mg^{2+} > Ca^{2+}$。土体中 Na_2SO_4 在降温过程中析水结晶、体积膨胀是产生盐胀的根源。Na_2SO_4 在微迁移过程中，会在土粒接触点产生聚积结晶，是导致盐胀剧增并引起土体变形破坏的关键。土层内硫酸盐溶液随温度的降低不断产生结晶，此时土体上下层间盐溶液浓度出现浓度差，浓度梯度将加剧下层盐分向上层(冷端)迁移。但当降温速率较大时，结晶后剩余的盐溶液一时得不到下层盐分补给，冰点提高，在土体温度低于 0℃后可能结冰，冰晶体的存在，同样可引起土粒的位移，加剧土体变形。

以往对盐渍土的工程性质的研究大多数是使用当地的土样，人工添加盐分，在封闭系统中利用小模型试验进行。但是，由于盐渍土的工程特性受地域性影响很大，不同地域的不同土类盐渍土的工程性质差别较大，并且封闭系统和小模型试验未考虑盐渍土水盐迁移作用和土体不同层位盐胀贡献量等因素，上述研究方法的成果难以推广。

3.1　大尺寸冻融模型试验设计

为了研究天然盐渍土在多次冻融循环时的盐胀规律和机理，以及含水率、温度、密度条件变化时的盐胀特性，试验采用室内开放系统模拟试验，模拟自然界冬季的降温过程及次年春天升温过程，观察试样在经历不同冻融循环后的土体盐胀规律。为模拟自然界的冻融变化过程，将土体装入有机玻璃试样筒中击实，试样筒两端分别与降温设备相连，在上下两端之间形成温度梯度，土样可以在竖向自由胀缩。降温采用顶端温度保持-20℃不变，底端保持5℃，升温采用室内温度自然升温。为了使试样的边界条件与自然条件相似，在试样筒周围包以保温材料，防止试样与周围环境的热交换，使土体同一水平上温度一致。结合当地自然环境特征，考虑地下水的补给情况，从底端自下而上补充盐水，补给盐水浓度与地下水含盐浓度相近。将闷好的土料在20℃条件下成型，即将准备好的土料分12次装入高60cm、内径15cm的有机玻璃筒中，击实到其压实度的93%，含水率采用最优含水率。在顶端制冷头顶面垂直安置百分表，观测盐胀变形。土样分5层，每层插有温度传感器监控。特制制冷头的重量模拟上覆荷载。为模拟多次冻融循环对盐胀规律的影响，每种土体的冻融循环次数设定为7次，每个冻融循环周期为48h。

试验采用开放式多次冻融循环试验，试验所用仪器主要包括：HC-2010低温恒温槽4台，制冷头8个，试样筒4个(内径为15cm，高为60cm，有机玻璃制造)，百分表4只，温度传感器20只，其他设备(保温材料、连接管、烘箱、电子秤)。

试验装置示意图如图3.2所示，实物图如图3.3所示。

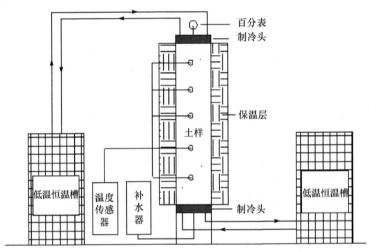

图3.2 大尺寸冻融模型盐胀试验装置示意图

图3.3 大尺寸冻融模型盐胀试验装置实物图

为了研究不同区域、不同土类天然盐渍土盐胀特性，从新疆喀什地区岳普湖至英吉沙公路沿线选取黏土、含砂黏土、黏土质砂三种有代表性的天然盐渍土，从焉耆地区和硕至库尔勒高速公路沿线选取黏土和粉土类天然盐渍土，进行开放系统中的多次冻融循环盐胀试验。为保证开放系统中多次冻融循环盐胀试验的精度，试验严格按以下程序进行。

(1) 试验仪器准备：连接好仪器，对试验仪器及组接情况进行检查并预先开机空载运行，检查完毕后，对系统进行标定，并记录其值。

(2) 土料制备：将天然盐渍土碾碎，过 2.0mm 筛，然后用烘箱烘干备用。

(3) 试样制备：按设计方案，称取所需土量，按最优含水率充分拌和(为补偿拌和过程的水分散失，拌和过程中所加水量比设计用量多 1%～2%)；将拌和好的土料密封在塑料袋内，闷料 24h；将闷好的土料在 20℃条件下成型，即将准备好的土料分 12 次装入高 60cm、内径 15cm 的有机玻璃筒中，击实到所需干容重。土样制备完毕后，放入 20℃恒温箱中恒温 24h 以上，即可进行降温试验。

(4) 试样筒准备：试样筒周围包以保温材料以防止与外界环境的热量交换；在试样顶端和底端放置制冷头，并在顶端制冷头顶面垂直安置百分表，将制冷头两端分别与冷浴相连；试样筒边上每隔 10cm 插入温度传感器，以观测不同深度土层的温度变化。

(5) 降温过程：试样就位后，开启循环冷浴，按预先设定的程序降温。

(6) 数据提取：进入试验状态后，按规定的间隔时间读取百分表读数。

(7) 数据整理分析。

3.2　硫酸盐渍土盐胀特性

在喀什地区岳普湖至英吉沙公路沿线的盐渍土中选取低液限黏土、含砂低液限黏土、黏土质砂三种有代表性的天然盐渍土进行盐胀特性研究，三种试验土样颗粒组成、易溶盐离子含量和基本参数见表 3.1～表 3.3。

表 3.1　喀什地区不同土类试样颗粒组成

土类	不同粒径范围颗粒质量分数/%				
	>0.074mm	0.074～0.01mm	0.01～0.005mm	0.005～0.002mm	<0.002mm
低液限黏土	20.19	33.45	22.1	17.08	7.18
含砂低液限黏土	34.94	62.27	1.1	1.48	0.21
黏土质砂	69.8	27.2	1.11	0.66	1.22

表 3.2　喀什地区不同土类试样易溶盐离子含量

土类	离子含量/%							总含盐量/%
	CO_3^{2-}	HCO_3^-	Cl^-	SO_4^{2-}	Ca^{2+}	Mg^{2+}	K^++Na^+	
低液限黏土	0.0034	0.0068	0.9054	1.0254	0.3376	0.2069	0.3048	2.854
含砂低液限黏土	0.0050	0.0068	0.9523	1.0213	0.3510	0.2128	0.2666	3.256
黏土质砂	0.0000	0.0136	0.3581	1.0040	0.2562	0.0692	0.2913	2.124

表 3.3　喀什地区不同土类试样基本参数

土类	液限 ω_L/%	塑限 ω_p/%	塑性指数 I_p/%	最优含水率 w_{op}/%	最大干密度 /(g/cm³)	盐渍土类别
低液限黏土	36.64	20.09	16.55	15.8	1.81	硫酸盐渍土强盐渍土
含砂低液限黏土	27.06	12.16	14.9	11.8	1.86	硫酸盐渍土强盐渍土
黏土质砂	27.93	16.07	11.86	12.3	1.75	硫酸盐渍土强盐渍土

3.2.1　低液限黏土盐胀特性

低液限黏土冻融循环中的盐胀过程曲线如图 3.4 所示；补水过程曲线如图 3.5 所示；各土层的温度变化曲线如图 3.6 所示。

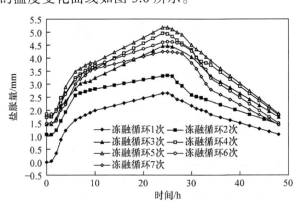

图 3.4　低液限黏土盐胀过程曲线(喀什地区)

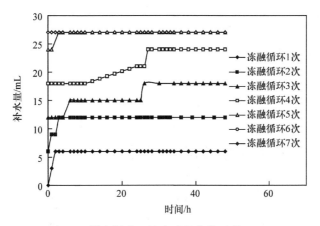

图 3.5　低液限黏土补水过程曲线(喀什地区)

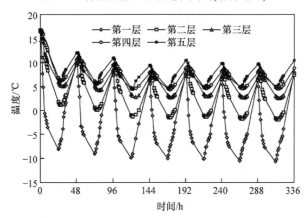

图 3.6　低液限黏土冻融过程中各土层的温度变化曲线(喀什地区)

　　低液限黏土在保持顶端-20℃, 底端 5℃降温过程中, 土样各层位的温度是逐渐降低的, 在自然升温阶段, 各层温度也是逐渐回升的, 呈抛物线形变化规律。第一层与第二层由于离冷端较近温度降低幅度较大, 也是盐胀产生的主要区域。第三层至第五层离制冷端较远, 温度变化幅度较小, 呈抛物线形。第一层温度主要在-10～10℃变化; 第二层主要在-2～9℃变化; 第三层主要在 2.5～9℃变化; 第四层、第五层主要在 4～10℃变化。

　　低液限黏土的盐胀在初始阶段由于土样导热性差, 土体降温速率较慢, 盐胀表现得不明显。当顶端温度保持-20℃ 2h 后, 盐胀急剧增大, 保持 10h 后盐胀趋于缓慢增长。自然升温阶段, 盐胀量开始降低, 回落过程比较平缓。低液限黏土前 5 次冻融循环过程中, 盐胀过程具有较好的累加性, 随着冻融循环次数的增加, 盐胀量增长速度逐渐降低, 这主要是冻融循环使土体变得疏松, 孔隙率增大, 因而对盐胀有一定的吸收作用。从第 6 次开始, 盐胀量最大值开始下降，并伴有溶陷。

3.2.2 含砂低液限黏土盐胀特性

含砂低液限黏土冻融循环中的盐胀过程曲线如图 3.7 所示；补水过程曲线如图 3.8 所示；各土层的温度变化曲线如图 3.9 所示。

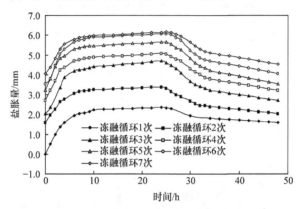

图 3.7　含砂低液限黏土盐胀过程曲线(喀什地区)

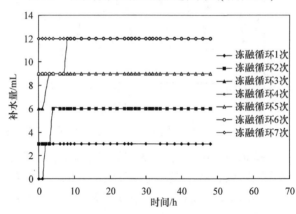

图 3.8　含砂低液限黏土补水过程曲线(喀什地区)

含砂低液限黏土在保持顶端-20℃，底端 5℃降温过程中，土体各层的温度是逐渐降低的，在自然升温阶段各层温度也是逐渐回升的，呈抛物线形变化规律。第一层与第二层由于离冷端较近温度降低幅度较大，也是盐胀产生的主要区域。第三层到第五层离冷端较远，温度变化幅度较小，呈抛物线形。第一层温度主要在$-6\sim10$℃变化；第二层主要在 $1.5\sim10$℃变化；第三层主要在 $4.5\sim9$℃变化；第四层、第五层主要在 $5\sim10$℃变化。

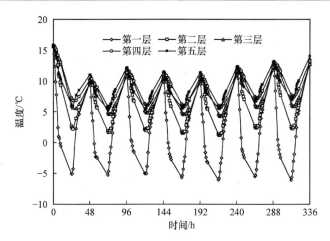

图 3.9　含砂低液限黏土冻融过程中各土层的温度变化曲线(喀什地区)

含砂低液限黏土在降温初始阶段，盐胀急剧增大，当顶端温度保持−20℃ 5h后，第一层温度达到 0℃左右，盐胀速度变缓，盐胀量增加较少。自然升温阶段，盐胀量平缓地降低。含砂低液限黏土的盐胀过程可以分为三个阶段：随着温度的降低盐胀量急剧增加阶段；温度持续降低盐胀量保持稳定阶段；升温时盐胀量均匀下降阶段。含砂低液限黏土的盐胀累加性较好，前 4 次冻融循环中，盐胀量变化较大，后 3 次冻融循环中盐胀量变化较稳定，主要以冻胀为主。

3.2.3　黏土质砂盐胀特性

黏土质砂冻融循环中的盐胀过程曲线如图 3.10 所示；补水过程曲线如图 3.11所示；各土层的温度变化曲线如图 3.12 所示。

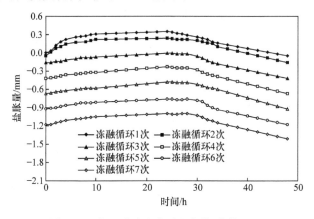

图 3.10　黏土质砂盐胀过程曲线(喀什地区)

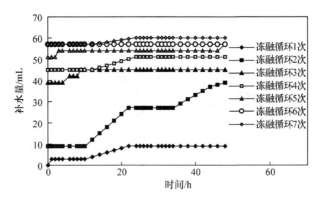

图 3.11　黏土质砂补水过程曲线(喀什地区)

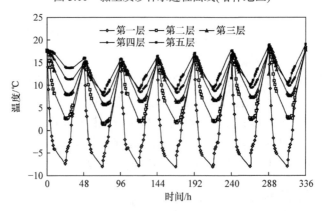

图 3.12　黏土质砂冻融过程中各土层的温度变化曲线(喀什地区)

黏土质砂在保持顶端-20℃,底端 5℃降温过程中,土体各层的温度是逐渐降低的,在自然升温阶段各层温度也是逐渐回升的,呈抛物线形变化规律。第一层与第二层由于离制冷端较近温度降低幅度较大,也是盐胀产生的主要区域。第三层到第五层离制冷端较远,温度变化幅度较小,呈抛物线形。第一层温度主要在-8～15℃变化;第二层主要在 1.5～14℃变化;第三层主要在 5～14℃变化;第四层、第五层主要在 6～14℃变化。

黏土质砂在冻融循环过程中的变形主要为冻胀和沉降变形,盐胀较微弱,基本上没有盐胀累加性。天然黏土质砂在前两次冻融循环过程中,变形具有盐胀特性,随着冻融周期的增加,不断发生沉降变形。这主要是因为冻融循环使砂砾重新排列,土体变得疏松,孔隙率增大,在自重力的作用下发生沉降。黏土质砂在冻融循环过程中的变形没有明显的阶段性,变形比较平缓,变形量较小,具有溶陷累加性。

3.2.4　盐胀性状分析

对喀什地区低液限黏土、含砂低液限黏土、黏土质砂三种典型土质的盐渍土进行 7 次冻融循环试验，得到如图 3.13 所示的盐胀试验过程曲线。

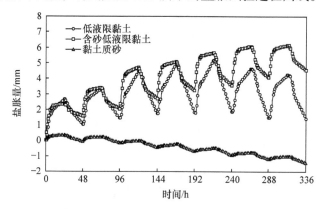

图 3.13　典型天然盐渍土 7 次冻融后的变形曲线(喀什地区)

天然硫酸盐渍土在冻融循环条件下的盐胀机理与直接冻结时的盐胀机理有所不同，但第 1 次降温与直接冻结相似，即开始时两者的盐胀机制一致。接下来的冻融循环过程中，升温作用使土体温度升高，Na_2SO_4 晶体部分或大部分溶入水中，由于温度场、毛细水、薄膜水等的作用，水分重新分布，盐分也随之重新分布。因此第 2 次循环中，盐分析出的位置也发生变化。这时土体中颗粒间的相互位置和盐胀与以前相比有很大不同，以后的冻融循环过程中也类似，每次盐分析出的位置会发生变化。但随着冻融循环次数的增加，盐分析出、溶解并随水分发生重分布的次数增加，每次降温过程中盐分的析出位置的距离越来越小。

从图 3.13 中可以看出，低液限黏土、含砂低液限黏土试样均随着温度的不断降低，盐胀量不断增加。在升温过程中，随着温度的升高，盐胀量又逐渐减小，但只能回落一部分，在下次冻融循环过程中，盐胀量又继续增加，表现出盐胀累加性。这主要是因为降温阶段 Na_2SO_4 晶体在结晶时产生很大的膨胀力，使土粒间距增大，土颗粒发生错动，土体体积膨胀。当升温时 Na_2SO_4 晶体溶解后，土颗粒间失去了相互支撑而形成空缺，此时有部分土颗粒回落。但是，还有一部分土颗粒虽然失去了 Na_2SO_4 晶体的支撑，但还存在其他土颗粒与其的相互作用(内摩擦力、黏聚力等)，因此这一部分土颗粒并不发生回落现象，表现为盐胀累加性。天然低液限黏土试样经过多次冻融循环后土体较松，因而使降温过程中消耗在土体内部的盐胀量增加。在升温过程中土颗粒的回落量加大，表现出回落量大于或等于盐胀量，即盐胀量的累加量越来越小，最终总盐胀量趋于稳定值。

黏土质砂试样随着温度的不断降低，盐胀量也不断增加。在升温过程中，随着温度的升高，盐胀量又逐渐减小，但是回落量大于盐胀量，在下次冻融循环过程中，回落量继续大于盐胀量，表现为溶陷累加性。在冻融循环过程中，含砂低液限黏土盐胀累加性最好，低液限黏土次之，黏土质砂具有较好的溶陷累加性。

3.3　氯盐渍土盐胀特性

在焉耆地区和硕至库尔勒高速公路沿线的天然盐渍土中选取低液限粉土、低液限黏土类天然盐渍土进行盐胀特性研究，试验土样颗粒组成、易溶盐离子含量和基本参数见表 3.4～表 3.6。

表 3.4　焉耆地区不同土类试样颗粒组成

土类	路段	不同粒径范围颗粒质量分数/%								
		<0.001mm	0.001～0.002mm	0.002～0.005mm	0.005～0.01mm	0.01～0.05mm	0.05～0.1mm	0.1～0.25mm	0.25～0.5mm	0.5～1mm
低液限粉土	K433+900	11.816	5.814	12.885	14.563	32.529	8.389	8.924	4.366	0.715
低液限黏土	K426+050	7.607	9.800	19.626	18.802	34.893	6.124	1.247	0.188	0.731
	K431+500	6.798	9.953	21.391	20.121	32.862	6.266	1.778	0.106	0.368

表 3.5　焉耆地区不同土类试样易溶盐离子含量

土类	路段	离子含量/%							总含盐量/%
		CO_3^{2-}	HCO_3^-	Cl^-	SO_4^{2-}	Ca^{2+}	Mg^{2+}	K^++Na^+	
低液限粉土	K433+900	0.0237	0.0445	1.1408	0.2151	0.6438	0.0109	0.1665	2.2454
低液限黏土	K426+050	0	0.0965	1.0509	0.4511	0.1070	0.1069	0.6415	2.4495
	K431+500	0.0882	0.0943	2.4086	1.0448	0.8400	0.1492	1.3594	5.9883

表 3.6　焉耆地区不同土类试样基本参数

土类	路段	液限 ω_L/%	塑限 ω_p/%	塑性指数 I_p/%	最优含水率 w_{op}/%	最大干密度 /(g/cm³)	盐渍土类别
低液限粉土	K433+900	24.10	14.20	9.90	14.43	1.948	氯盐渍土中盐渍土
低液限黏土	K426+050	38.36	18.07	20.29	16.01	1.863	氯盐渍土中盐渍土
	K431+500	33.00	17.00	16.00	15.72	1.900	氯盐渍土强盐渍土

3.3.1　粉土类中氯盐渍土盐胀特性

焉耆地区低液限粉土中氯盐渍土冻融循环盐胀曲线如图 3.14 所示。

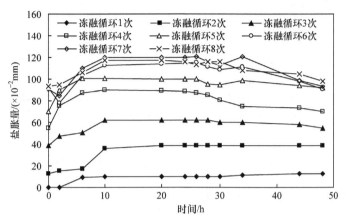

图 3.14　低液限粉土中氯盐渍土冻融循环过程盐胀曲线(焉耆地区)

低液限粉土中氯盐渍土在冻融循环过程中，盐胀量随温度的降低逐渐增加。盐胀在初始阶段由于土体导热性差，土体降温速率较慢，盐胀表现得不明显。当顶端温度保持−20℃ 2h 后，盐胀急剧增大，保持 10h 后盐胀趋于缓慢增长。升温时，盐胀量开始降低，回落过程比较平缓。随着冻融循环次数的增加，最大盐胀量也在增加，盐胀过程具有较好的累加性，最大盐胀量为 1.2mm。盐胀量增长速度随着冻融循环次数的增加逐渐降低，这主要是冻融循环使土体变得疏松，孔隙率增大，因而对盐胀有一定的吸收作用。第 7 次冻融循环后，土体的最大盐胀量有所降低，土体结构破坏、强度降低。低液限粉土中氯盐渍土总体盐胀量不大，这主要是因为含盐成分以氯盐为主，氯盐的盐胀性较弱，并且 NaCl 能降低溶液中 Na_2SO_4 的浓度，对盐渍土盐胀有抑制作用。同时，NaCl 还使低液限粉土中氯盐渍土的起胀温度降低。

3.3.2　黏土类中氯盐渍土盐胀特性

焉耆地区低液限黏土中氯盐渍土冻融循环过程盐胀曲线如图 3.15 所示。低液限黏土中氯盐渍土在冻融循环过程中，盐胀量随温度的降低逐渐增加。在降温初始阶段，盐胀急剧增大，当顶端温度保持−20℃ 5h 后，盐胀速度变缓，盐胀量增加较少。自然升温阶段，盐胀量平缓地降低。随着冻融循环次数的增加，最大盐胀量也在增加，盐胀过程具有较好累加性，最大盐胀量为 2.49mm。第 6 次冻融循环后的最大盐胀量有所减小。低液限黏土中氯盐渍土的盐胀过程可分为三个阶段：随着温度的降低盐胀量急剧增加阶段；温度持续降低盐胀量保持稳定阶段；升温时盐胀量均匀下降阶段。

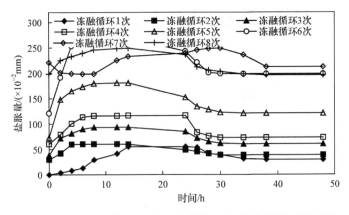

图 3.15　低液限黏土中氯盐渍土冻融循环过程盐胀曲线(焉耆地区)

3.3.3　黏土类强氯盐渍土盐胀特性

焉耆地区低液限黏土强氯盐渍土冻融循环过程盐胀曲线如图 3.16 所示。

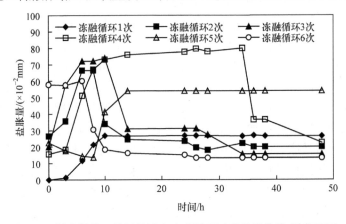

图 3.16　低液限黏土强氯盐渍土冻融循环过程盐胀曲线(焉耆地区)

低液限黏土强氯盐渍土在冻融循环过程中的变形主要为冻胀和沉降变形,盐胀较微弱,基本上没有盐胀累加性。变形过程中,低液限黏土强氯盐渍土在前两次冻融循环过程中,变形具有盐胀特性,随着冻融周期的增加,不断发生沉降变形。这主要是因为高含量的 NaCl 对 Na_2SO_4 具有盐析作用,能降低溶液中 Na_2SO_4 的浓度,从而可使盐胀率降低。同时,冻融循环使土体颗粒重新排列,土体变得疏松,孔隙率增大,在自重力的作用下发生沉降。黏土质砂在冻融循环过程中的变形没有明显的阶段性,在降温初始阶段,盐胀急剧增大,当顶端温度保持−20℃ 5h 后变形以溶陷为主。

3.3.4 盐胀性状分析

通过对焉耆地区低液限粉土中氯盐渍土、低液限黏土中氯盐渍土、低液限黏土强氯盐渍土进行多次冻融循环试验，得到如图 3.17 所示的盐胀试验过程曲线。

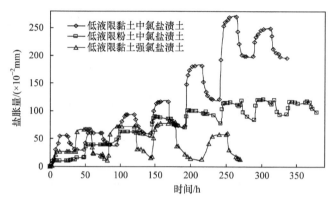

图 3.17 典型天然氯盐渍土反复冻融条件下的盐胀曲线(焉耆地区)

从图 3.17 中可以看出，低液限粉土中氯盐渍土、低液限黏土中氯盐渍土试样均随着温度的不断降低，盐胀量不断增加。在升温过程中，随着温度的升高，盐胀量又逐渐减小，但只能回落一部分，在下次冻融循环过程中，盐胀量又继续增加，表现出盐胀累加性。其原因是在冻融循环过程中，温度场、毛细水、薄膜水等的作用，使水分、盐分重新分布，盐分析出的位置将发生变化。降温阶段 Na_2SO_4 晶体在结晶时产生很大的膨胀力，使土粒间距增大，土颗粒发生错动，土体体积膨胀。当升温时 Na_2SO_4 晶体溶解后，土颗粒之间失去了相互支撑而形成空缺，此时有部分土颗粒回落。还有一部分土颗粒虽然失去了 Na_2SO_4 晶体的支撑，但还存在其他土颗粒与其的相互作用(内摩擦力、黏聚力等)，因此这一部分土颗粒并不发生回落现象，表现为盐胀累加性。由于天然低液限黏土试样经过多次冻融循环后土体空隙率增大，降温过程中消耗在土体内部的盐胀量增加。在升温过程中土颗粒的回落量加大，表现出回落量大于或等于盐胀量，即盐胀量的累加量越来越小，最终总盐胀量趋于稳定值。

低液限黏土强氯盐渍土试样随着温度的不断降低，盐胀量也不断增加。在升温过程中，随着温度的升高，溶陷变形量逐渐增大，溶陷变形量与盐胀量相近，没有盐胀累加特性。与低液限黏土中氯盐渍土相比，盐胀量明显减少。在冻融循环过程中，低液限黏土中氯盐渍土盐胀累加性最好，低液限粉土中氯盐渍土次之，低液限黏土强氯盐渍土不具有盐胀累加性。

3.4 盐渍土盐胀特性的单因素影响规律

3.4.1 盐胀量随含水率变化的规律

选取焉耆地区和硕至库尔勒高速公路沿线的低液限黏土中氯盐渍土，进行盐胀随含水率变化的试验研究，分析多次冻融循环条件下含水率对盐胀量的影响。试样基本参数见表 3.7。

表 3.7　焉耆地区黏土试样基本参数(一)

土类	液限 ω_L/%	塑限 ω_p/%	总含盐量/%	最优含水率 w_{op}/%	最大干密度 /(g/cm³)	盐渍土类别
低液限黏土	38.36	18.07	2.4495	16.01	1.863	氯盐渍土 中盐渍土

试验土样分别按 12%、14%、16%、18%的含水率配制，配制好的试样用塑料袋密封，在室温 20℃条件下进行闷料。24h 后，按预先计算好的密度分层均匀地装入有机玻璃筒中放置 24h。降温采用顶端温度保持–20℃不变，底端保持 5℃，升温采用室内温度自然升温，单周期历时 48h，如此往复 7 个冻融循环。盐胀量随含水率变化曲线如图 3.18 所示。

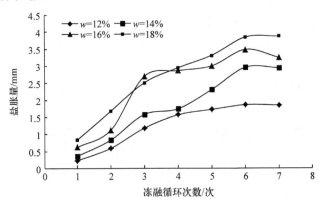

图 3.18　焉耆地区低液限黏土中氯盐渍土盐胀量随含水率变化曲线

从以上试验结果可以看出，盐渍土的最大盐胀量随含水率的增大而增加，随冻融循环次数的增加具有累加性。这主要是因为含水率小时，土颗粒间内摩擦阻力较大，含水率增大时，水在土颗粒间起润滑作用使土体内摩擦阻力减小。同时，含水率的增加使土粒周围的扩散双电层厚度增加，土中毛细水和自由水增多，减弱了土颗粒间的引力，使土体孔隙率减小，也使土颗粒易于产生相对位移而导致土体骨架中能自由调节的孔隙减小，从而使膨胀量增大。同时，在保持含盐量一定的情况下，含水率的增加能使土体孔隙溶液中溶解更多的易溶盐类(主要是 Na_2SO_4)，当温度下降时会结晶出更多的芒硝等晶体，相应的盐胀量也增加。

3.4.2　盐胀量随含盐量变化的规律

选取焉耆地区和硕至库尔勒高速公路沿线的黏土类天然盐渍土，进行盐胀随含盐量变化试验研究，分析多次冻融循环条件下含盐量对盐胀量的影响。试验土样易溶盐离子含量和基本参数见表 3.8 和表 3.9。

表 3.8　焉耆地区黏土试样易溶盐离子含量

| 土类 | 路段 | 离子含量/% | | | | | | | $\dfrac{Cl^- 含量}{SO_4^{2-} 含量}$ | 总含盐量/% |
		CO_3^{2-}	HCO_3^-	Cl^-	SO_4^{2-}	Ca^{2+}	Mg^{2+}	$K^+ + Na^+$		
低液限黏土	K426+050	0	0.0965	1.0509	0.4511	0.1070	0.1069	0.6415	2.33	2.4495
	K432+900	0.0125	0.1002	2.7386	0.3333	0.6260	0.1105	1.4195	8.22	4.5266
	K431+000	0.0502	0.0792	3.4751	0.5078	0.9164	0.1430	1.6695	6.84	6.8842
	K431+500	0.0882	0.0943	2.4086	1.0448	0.8400	0.1492	1.3594	2.31	5.9883

表 3.9　焉耆地区黏土试样基本参数(二)

土类	路段	液限 ω_L/%	塑限 ω_p/%	塑性指数 I_p/%	最优含水率 w_{op}/%	最大干密度 /(g/cm³)	盐渍土类别
低液限黏土	K426+050	38.36	18.07	20.29	16.01	1.863	氯盐渍土中盐渍土
	K432+900	34.80	23.00	14.80	15.78	1.806	氯盐渍土中盐渍土
	K431+000	31.60	18.40	13.2	16.51	1.767	氯盐渍土强盐渍土
	K431+500	33.00	17.00	16.00	15.72	1.900	氯盐渍土强盐渍土

焉耆地区黏土类天然盐渍土多次冻融循环条件下盐胀量随含盐量变化曲线如图 3.19 所示。

从图 3.19 可看出，K426+050 处低液限黏土中氯盐渍土在多次冻融循环条件下盐胀累加性较好；K431+500 处低液限黏土强氯盐渍土在多次冻融条件下盐胀和溶陷性不明显，只有冻胀性；K432+900 处低液限黏土中氯盐渍土、K431+000 处低液限黏土强氯盐渍土在多次冻融循环条件下具有较强的溶陷累加性。

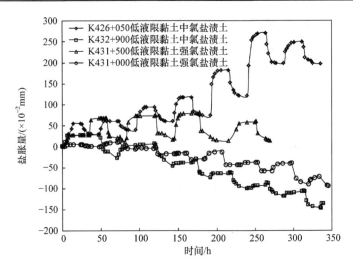

图 3.19 焉耆地区黏土类天然盐渍土盐胀量随含盐量变化曲线

由试验结果分析可知，在同样的 Cl^- 含量/SO_4^{2-} 含量和冻融循环条件下，K426+050 处含盐量为 2.4495%，盐胀累加性较好；K431+500 处含盐量为 5.9883%，盐胀和溶陷性不明显，说明低液限黏土强氯盐渍土的盐胀特性随含盐量的增大而降低，即强氯盐渍土中的 NaCl 对盐渍土盐胀有抑制作用。NaCl 对盐渍土盐胀的抑制作用主要是 NaCl 对 Na_2SO_4 的同离子效应，使得 Na_2SO_4 溶解度降低，从而结晶析出量降低，且以固体颗粒存在的 NaCl 对土颗粒具有一定的黏固性，使土体抵抗膨胀压力的能力增强，对盐胀的制约作用也相对地增强。

K426+050、K432+900 处同为低液限黏土中氯盐渍土，但是在同样的多次冻融循环条件下，K426+050 处氯盐渍土盐胀累加性较好，而 K432+900 处氯盐渍土却具有较强的溶陷累加性。K431+000、K431+500 处同为低液限黏土强氯盐渍土，且含盐量相当，但是在同样的多次冻融循环条件下，K431+500 处盐胀和溶陷性不明显，而 K431+000 处氯盐渍土却具有较强的溶陷累加性。其原因是两者的 Cl^- 含量/SO_4^{2-} 含量不同，K426+050 处的 Cl^- 含量/SO_4^{2-} 含量为 2.33，而 K432+900 处的 Cl^- 含量/SO_4^{2-} 含量为 8.22；K431+500 处的 Cl^- 含量/SO_4^{2-} 含量为 2.31，而 K431+000 处的 Cl^- 含量/SO_4^{2-} 含量为 6.84，相差较大。由以上分析可知，氯盐渍土的盐胀特性、溶陷性与 Cl^- 含量/SO_4^{2-} 含量有很大关系，Cl^- 含量/SO_4^{2-} 含量越大，抑制盐胀作用越明显。

3.4.3 盐胀量随密度变化的规律

选取焉耆地区和硕至库尔勒高速公路沿线的低液限黏土强氯盐渍土，进行盐

胀随密度变化的试验研究，分析多次冻融循环条件下密度对盐胀量的影响。试样
基本参数见表 3.10。

表 3.10　焉耆地区黏土试样基本参数(三)

土类	液限 ω_L/%	塑限 ω_p/%	总含盐量/%	最优含水率 w_{op}/%	最大干密度/(g/cm³)	盐渍土类别
低液限黏土	33.00	17.00	5.9883	15.72	1.900	氯盐渍土 强盐渍土

试验土样按最优含水率 15.72%配制，配制好的试样用塑料袋密封，在室温
20℃条件下进行闷料。24h 后，按预先设计的密度分层均匀地装入有机玻璃筒中
放置24h。降温采用顶端温度保持-20℃不变，底端保持 5℃；升温采用室内温度
自然升温，单周期历时 48h，如此往复 7 个周期。最大盐胀量随密度变化曲线如
图 3.20 所示。

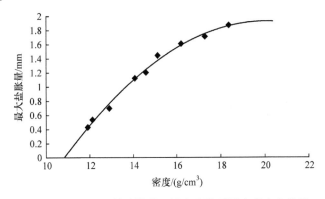

图 3.20　焉耆地区低液限黏土最大盐胀量随密度变化曲线

由以上试验结果可以看出，在相同含水率下，最大盐胀量随密度的增大而增
大，土体只有达到一定的压实密度才会产生盐胀。

3.5　本 章 小 结

低液限黏土、含砂低液限黏土试样均随温度的不断降低，盐胀量不断增加。
在冻融循环过程中，含砂低液限黏土盐胀累加性最好，低液限黏土次之，黏土质
砂具有较好的溶陷累加性。

低液限黏土前 5 次冻融循环过程中盐胀过程具有较好的累加性，随着冻融循
环次数的增加，盐胀量增长速度逐渐降低。含砂低液限黏土的盐胀过程可分为三
个阶段：随着温度的降低盐胀量急剧增加阶段；温度持续降低盐胀量保持稳定阶

段；升温时盐胀量均匀下降阶段。黏土质砂在冻融循环过程中的变形主要为冻胀和沉降变形，盐胀较微弱，基本上没有盐胀累加性，但具有较好的溶陷累加性。

低液限粉土中氯盐渍土、低液限黏土中氯盐渍土试样均随着温度的不断降低，盐胀量不断增加；低液限黏土强氯盐渍土没有盐胀累加特性。在冻融循环过程中，低液限黏土中氯盐渍土盐胀累加性最好，低液限粉土中氯盐渍土次之，低液限黏土强氯盐渍土不具有盐胀累加性。

低液限黏土中氯盐渍土的最大盐胀量随含水率的增大而增加，随冻融循环次数的增加具有累加性。低液限黏土强氯盐渍土在相同含水率下，盐胀量随密度的增大而增加，土体只有达到一定的压实密度才会产生盐胀。低液限粉土中氯盐渍土盐胀量都随着温度的降低而增加，随着温度的升高而减小，每一次冻融循环的盐胀量的增加大部分发生在$-10 \sim -5$℃；低液限黏土氯盐渍土的盐胀特性随含盐量的增大而降低，氯盐渍土中的 NaCl 对盐渍土盐胀具有抑制作用。

第4章 粗粒盐渍土盐胀特性

西部地区存在大面积的粗粒盐渍土，而对于粗粒盐渍土工程特性的研究一直以来都较少。高等级公路在盐渍土地区的迅猛发展又使粗粒盐渍土工程特性、路基填料的可用性及分类评判标准等问题随之出现，人们对于粗粒盐渍土的认识还不尽完善，需要进一步的理论研究和实践积累。为了深入掌握粗粒盐渍土的工程性质，采用均匀设计技术和冻融试验，从土类、含水率、含盐量、温度、上覆荷载五个方面对粗粒盐渍土的盐胀特性进行深入研究，为今后盐渍土地区公路建设中料场的选择、筑路材料的可用性及分类等提供可靠的技术参数。

4.1 大型冻融模型试验设计

为了研究粗粒盐渍土在单次降温条件下，含水率、温度、密度及上覆荷载条件变化时的盐胀特性和机理，利用均匀设计技术来组织试验，采用室内模拟试验，模拟自然界冬季的降温过程，观察试样的盐胀规律。闷好的土料在20℃条件下成型，即将准备好的土料分12次装入高60cm(砂类土40cm)、内径15cm的有机玻璃筒中，试样高55cm(砂类土32cm)。为模拟自然界的降温过程，试样筒两端分别与降温设备相连，在上下两端之间形成温度梯度。试验单次降温过程依次为(土体顶端温度/土体底端温度)25℃/25℃→5℃/5℃→0℃/5℃→−5℃/0℃→−10℃/0℃→−15℃/−5℃→−20℃/−5℃。根据以往经验，单次降温在进行8h以后盐胀量基本趋于稳定，因此拟定单次降温过程持续12h后，再进行下一次降温，降温共历时84h。为了使试样的边界条件与自然条件相似，在试样筒周围包以保温材料，防止试样与周围环境的热交换，使得土体同一水平上温度一致。在顶端制冷头顶面垂直安置百分表，观测盐胀变形。土样分5层，每层插有温度传感器监控。

试验采用单次降温试验，试验所用仪器主要包括：HC-2010低温恒温槽4台；制冷头8个；试样筒4个(内径为15cm，高为60cm，有机玻璃制造)；百分表4只；温度传感器20只；上覆荷载加力系统；其他设备(保温材料、连接管、烘箱、电子秤)。试验装置示意图如图4.1所示，实物图如图4.2所示。

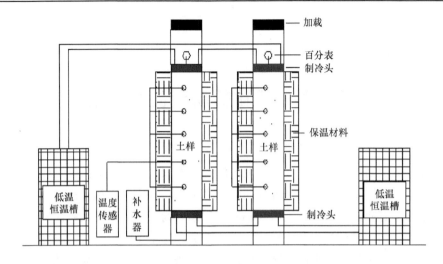

图 4.1 大型冻融模型试验装置示意图

图 4.2 大型冻融模型试验装置实物图

从甘肃嘉峪关地区选取粗粒盐渍土,人工进行细粒填充物、含盐量和含水率配制,采用均匀设计技术和冻融试验,研究粗粒盐渍土在单次降温条件下含水率、温度、密度及上覆荷载条件变化时的盐胀特性和机理。为保证粗粒盐渍土单次降温盐胀试验的精度,试验严格按以下程序进行,如图 4.3 所示。

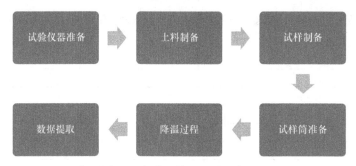

图 4.3 粗粒盐渍土试验程序图

4.2 细粒土砾硫酸盐渍土盐胀特性

4.2.1 盐胀试验方案设计

为了配制细粒土砾试样，采用嘉峪关地区的粗粒盐渍土进行筛分，筛出粒径 $2mm < d < 40mm$ 的砾类土。筛出的砾类土用蒸馏水洗盐并烘干，在室温下添加黄土作为细粒填料。划分砾类土和砂类土的细粒土含量界限值为 50%，故采用界限值 50% 添加黄土，配制成细粒土砾。天然黄土物理性质指标见表 4.1，黄土试样离子含量见表 4.2。

表 4.1 天然黄土物理性质指标

试样	含水率/%	孔隙比	饱和度/%	ω_L/%	ω_P/%	塑性指数	天然密度/(g/cm³)	干密度/(g/cm³)	相对密度
黄土	15.66	0.573	33.02	29.10	17.52	11.50	1.98	1.70	2.71

表 4.2 黄土试样离子含量

离子	Ca^{2+}	Mg^{2+}	Cl^-	SO_4^{2-}	CO_3^{2-}	HCO_3^-	总含盐量
含量/%	0.0056	0.0053	0.0169	0	0.0074	0.0330	0.0711

对配制的细粒土砾进行重型击实试验，通过干密度与含水率关系曲线可得出细粒土砾的最大干密度为 2.23g/cm³，最优含水率为 7.5%。

通过均匀设计组织试验，模拟细粒土砾盐渍土在单次降温条件下随含盐量、上覆荷载、初始干密度、含水率条件变化时的盐胀规律。试验中取含盐量 12 个水平，上覆荷载 6 个水平，初始干密度 4 个水平，含水率 3 个水平。采用均匀设计表 $U_{12}(12 \times 6 \times 4 \times 3)$ 安排试验，见表 4.3，试验因素水平见表 4.4，盐胀试验均匀设计见表 4.5。

表 4.3 嘉峪关地区细粒土砾硫酸盐渍土盐胀均匀设计表 $U_{12}(12 \times 6 \times 4 \times 3)$

水平 \ 因素	1	2	3	4
1	1	1	1	3
2	2	2	2	3
3	3	3	3	3
4	4	4	4	3
5	5	5	1	2
6	6	6	2	2
7	7	1	3	2
8	8	2	4	2
9	9	3	1	1
10	10	4	2	1
11	11	5	3	1
12	12	6	4	1

$$D = 0.3594$$

注：D 表示刻画均匀度的偏差。

表 4.4 嘉峪关地区细粒土砾硫酸盐渍土盐胀试验因素水平

含盐量/%	上覆荷载/kPa	初始干密度/(g/cm³) (括号中为压实度)	含水率/%
0.5	7.49	1.98(89%)	6
1	18.80	2.03(91%)	9
2	24.46	2.07(93%)	12
3	32.95	2.12(95%)	
4	38.61		
5	49.93		
6			
7			
8			
9			
10			
12			

表 4.5 嘉峪关地区细粒土砾硫酸盐渍土盐胀试验均匀设计

水平 \ 因素	含盐量/%	上覆荷载/kPa	初始干密度/(g/cm³)	含水率/%
1	0.5	7.49	1.98	12
2	1	18.80	2.03	12
3	2	24.46	2.07	12

续表

因素 水平	含盐量/%	上覆荷载/kPa	初始干密度/(g/cm³)	含水率/%
4	3	32.95	2.12	12
5	4	38.61	1.98	9
6	5	49.93	2.03	9
7	6	7.49	2.07	9
8	7	18.80	2.12	9
9	8	24.46	1.98	6
10	9	32.95	2.03	6
11	10	38.61	2.07	6
12	12	49.93	2.12	6
		$D = 0.3594$		

　　试验含盐量是以细粒土砾中的细粒填土为百分基数。上覆荷载共分 6 个水平，最大荷载接近 50kPa。为了研究初始干密度对盐胀量的影响，将初始干密度较分散地划分为 4 个水平，依次为最大干密度的 89%、91%、93%、95%。含水率依据最优含水率 7.5%分别划分为 6%、9%、12%。

4.2.2　细粒土砾硫酸盐渍土盐胀试验分析

　　细粒土砾硫酸盐渍土冻融条件下盐胀试验过程曲线如图 4.4～图 4.15 所示。

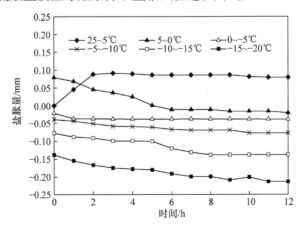

图 4.4　嘉峪关地区细粒土砾硫酸盐渍土含盐量为 0.5%时盐胀试验过程曲线

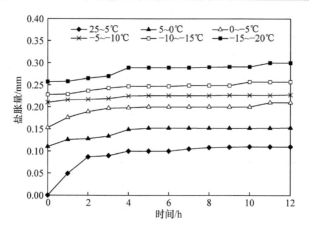

图 4.5　嘉峪关地区细粒土砾硫酸盐渍土含盐量为 1%时盐胀试验过程曲线

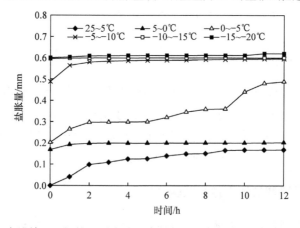

图 4.6　嘉峪关地区细粒土砾硫酸盐渍土含盐量为 2%时盐胀试验过程曲线

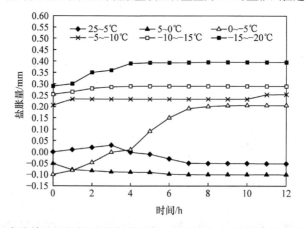

图 4.7　嘉峪关地区细粒土砾硫酸盐渍土含盐量为 3%时盐胀试验过程曲线

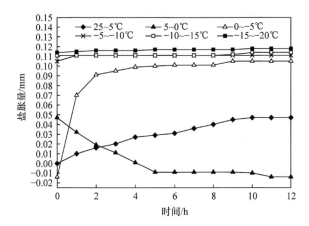

图 4.8　嘉峪关地区细粒土砾硫酸盐渍土含盐量为 4%时盐胀试验过程曲线

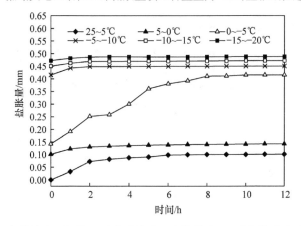

图 4.9　嘉峪关地区细粒土砾硫酸盐渍土含盐量为 5%时盐胀试验过程曲线

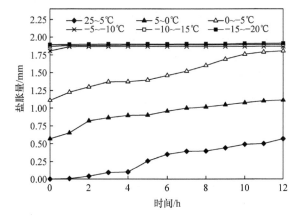

图 4.10　嘉峪关地区细粒土砾硫酸盐渍土含盐量为 6%时盐胀试验过程曲线

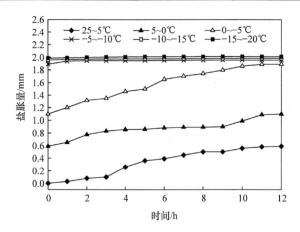

图 4.11　嘉峪关地区细粒土砾硫酸盐渍土含盐量为 7% 时盐胀试验过程曲线

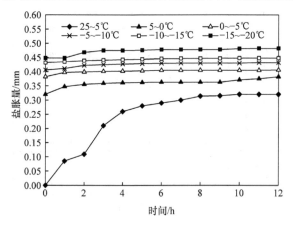

图 4.12　嘉峪关地区细粒土砾硫酸盐渍土含盐量为 8% 时盐胀试验过程曲线

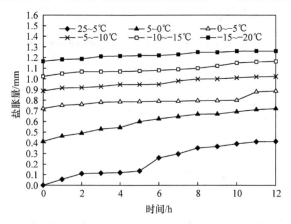

图 4.13　嘉峪关地区细粒土砾硫酸盐渍土含盐量为 9% 时盐胀试验过程曲线

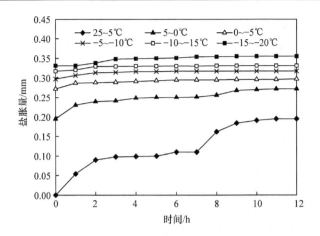

图 4.14　嘉峪关地区细粒土砾硫酸盐渍土含盐量为 10%时盐胀试验过程曲线

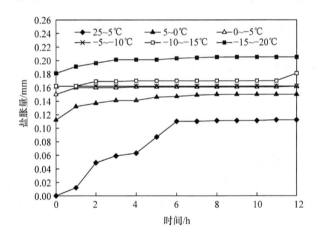

图 4.15　嘉峪关地区细粒土砾硫酸盐渍土含盐量为 12%时盐胀试验过程曲线

由以上试验结果整体分析可知，盐胀量最大值分别出现在含盐量 6%、上覆荷载 7.49kPa、初始干密度 2.07g/cm³、含水率 9%和含盐量 7%、上覆荷载 18.8kPa、初始干密度 2.12g/cm³、含水率 9%两种条件下。两者共性是含盐量较大，初始干密度大，上覆荷载很小，含水率接近于最优含水率。由此可知，含盐量和初始干密度与盐胀量呈正比关系；上覆荷载与盐胀量呈反比关系；盐胀量在最优含水率附近呈现最大值。盐胀量的基本走势是在 25～5℃的降温区间盐胀量增幅较大，5～0℃、−5～−10℃、−15～−20℃逐级降温的区间内盐胀量增幅平稳上升，后来趋于稳定。

在不同条件下，细粒土砾硫酸盐渍土随着含盐量的增加，盐胀量不断增大，但当含水率减少、上覆荷载增加时，盐胀量增加程度有所降低。在同一含水率下，随着含盐量的增加盐胀量逐渐增大，但是上覆荷载的增加对盐胀量的增长具有一定的抑制作用。含水率的减小，对于盐胀量的抑制作用也较大。其原因是土中的硫酸钠在起初温度降低的过程中开始吸水结晶，到一定程度后，土中的自由水已不能满足硫酸钠结晶所需要的水分，导致结晶停止，盐胀不再继续。这是干旱及半干旱地区可以直接用粗粒盐渍土作为路基的原因。

4.2.3　盐胀影响因素交互作用

细粒土砾硫酸盐渍土盐胀试验是基于均匀设计来组织试验的，试验结果需要进行多元非线性回归分析。借助于统计软件统计产品与服务解决方案(statistical product and service solutions，SPSS)软件对盐胀数据进行多元非线性回归分析。通过 SPSS 软件多次不同形式的拟合进行非线性回归分析，可得细粒土砾硫酸盐渍土的含盐量、上覆荷载、初始干密度、含水率与盐胀关系的非线性回归公式：

$$
\begin{aligned}
Y = {} & -34.476 + 0.208X_1 + 2.399X_3 + 0.131X_4 - 2.52\times10^{-2}X_1^2 - 1.23\times10^{-3}X_2^2 \\
& + 7.115\times10^{-4}X_1^3 \\
& + 1.229\times10^{-5}X_2^3 - 1.87\times10^{-3}X_3^3 - 1.88\times10^{-4}X_4^3 - 4.12\times10^{-4}X_1X_2 \\
& - 4.22\times10^{-3}X_2X_4 + 3.42\times10^{-3}X_2X_3
\end{aligned}
\tag{4.1}
$$

式中，X_1 为细粒填料的含盐量，%；X_2 为上覆荷载，kPa；X_3 为初始干密度，g/cm^3；X_4 为含水率，%。全相关系数 $R^2 = 0.933$。

粗粒盐渍土的起胀温度取决于土体中 Na_2SO_4 析水结晶的温度、Na_2SO_4 结晶含量的多少、土体结构、内摩擦力、黏聚力、土颗粒间的引力、土体孔隙间和孔隙接触间吸收结晶 Na_2SO_4 的程度等。盐胀敏感温度区间主要取决于 Na_2SO_4 含量、温度区间析出 Na_2SO_4 的含量、土体结构、内摩擦力、黏聚力、土颗粒间的引力、土体孔隙间和颗粒接触间充填结晶 Na_2SO_4 的程度等。

1. 砾类硫酸盐渍土起胀温度与盐胀敏感温度区间

由砾类硫酸盐渍土在不同含盐量、不同含水率及不同密度条件下的盐胀特性分析可得砾类硫酸盐渍土在不同含盐量条件下的起胀温度，见表 4.6。

表 4.6　嘉峪关地区砾类硫酸盐渍土起胀温度

Na_2SO_4 含量 ω_s/%	$\omega_s \leqslant 1$	$1 < \omega_s \leqslant 3$	$3 < \omega_s \leqslant 5$	$5 < \omega_s \leqslant 7$	$\omega_s > 7$
起胀温度/℃	不明显	−5～5	10～25	15～30	20～35

通过对砾类硫酸盐渍土不同条件下的盐胀过程曲线分析可得不同 Na_2SO_4 含量条件下的盐胀敏感温度区间，见表 4.7。

表 4.7　嘉峪关地区砾类硫酸盐渍土盐胀敏感温度区间

Na₂SO₄ 含量 ω_s/%	$\omega_s \leqslant 1$	$1 < \omega_s \leqslant 3$	$3 < \omega_s \leqslant 5$	$5 < \omega_s \leqslant 7$	$\omega_s > 7$
盐胀敏感温度区间/℃	不明显	$-5\sim0$	$-5\sim5$	$-5\sim20$	$5\sim25$

当含水率较小时，起胀温度偏高温限，盐胀敏感温度区间偏低温限；当含水率较大时，起胀温度偏低温限，盐胀敏感温度区间偏高温限；上覆荷载较小时，起胀温度偏高温限，盐胀敏感温度区间偏高温限；当上覆荷载较大时，起胀温度偏低温限，盐胀敏感温度区间偏低温限。

2. 砾类硫酸盐渍土 Na₂SO₄ 含量与盐胀率对应关系

为了研究细粒土砾硫酸盐渍土 Na₂SO₄ 含量与盐胀率的对应关系，设定细粒土砾硫酸盐渍土初始干密度为 2.12g/cm³(压实度为 95%)，含水率为最优含水率 7.5%，上覆荷载为 18.8kPa，利用细粒土砾硫酸盐渍土的含盐量、上覆荷载、初始干密度、含水率与盐胀关系的非线性回归公式，进行细粒土砾硫酸盐渍土 Na₂SO₄ 含量与盐胀率的对应关系分析。

经计算可知，细粒土砾硫酸盐渍土随着 Na₂SO₄ 含量的增加，盐胀率增幅较少。其主要原因是细粒土砾盐渍土的微观结构与细粒盐渍土的完全不同，细粒土砾土体结构呈现架空的点接触，具有大孔隙。根据吴青柏等(2001)对含 Na₂SO₄ 粗粒盐渍土盐胀特征及过程研究得出，粗粒土体中盐分常发生聚集现象，含有盐分聚集层的粗粒土，在遇外来水分情况下，盐分结晶析出而成为芒硝晶体，会产生较大的变形，盐分聚集层后盐胀变形明显高于无 Na₂SO₄ 盐分聚集层粗粒盐渍土的恒温试验结果。因此，考虑细粒土砾盐渍土盐分的聚集性，细粒土砾硫酸盐渍土盐胀率取值范围应增加。

在综合考虑细粒土砾硫酸盐渍土多元非线性回归公式计算结果与其盐分聚集性的基础上，得出细粒土砾硫酸盐渍土 Na₂SO₄ 含量与盐胀率对应关系，见表 4.8。

表 4.8　嘉峪关地区细粒土砾硫酸盐渍土 Na₂SO₄ 含量与盐胀率对应关系

Na₂SO₄ 含量 ω_s/%	$\omega_s \leqslant 1$	$1 < \omega_s \leqslant 3$	$3 < \omega_s \leqslant 5.5$	$5.5 < \omega_s \leqslant 6.5$	$6.5 < \omega_s \leqslant 8$
盐胀率 η/%	不明显	$\eta \leqslant 1$	$1 < \eta \leqslant 1.5$	$1.5 < \eta \leqslant 2$	$2 < \eta \leqslant 3$

4.3　含细粒土砂硫酸盐渍土盐胀特性

4.3.1　盐胀试验方案设计

为了配制含细粒土砂试样，采用嘉峪关地区的粗粒盐渍土进行筛分，筛出粒径 0.074mm $< d <$ 2mm 的砂土。筛出的砂类土用蒸馏水洗盐并烘干，在室温下

添加黄土作为细粒填料。含细粒土砂的细粒土含量为 5%～15%，故采用界限值 15%添加黄土，配制成含细粒土砂。天然黄土物理性质指标与 4.2 节试验相同。用配制的含细粒土砂进行重型击实试验，通过干密度与含水率关系曲线得出含细粒土砂的最大干密度为 2.11 g/cm³，最优含水率为 9.6%。

通过均匀设计组织试验，模拟含细粒土砂盐渍土在单次降温条件下含盐量、上覆荷载、初始干密度、含水率条件变化时的盐胀规律。试验取含盐量 12 个水平，上覆荷载 6 个水平，初始干密度 6 个水平，含水率 4 个水平。采用均匀设计表 $U_{12}(12×6×6×4)$安排试验。均匀设计表 $U_{12}(12×6×6×4)$见表 4.9，试验各因素取值见表 4.10，盐胀试验均匀设计见表 4.11。

试验含盐量是以含细粒土砂中的细粒填土为百分基数。上覆荷载共分 6 个水平，最大荷载达 50.24kPa。为了研究初始干密度对盐胀量的影响，将初始干密度较分散地划分为 6 个水平，依次为最大干密度的 87%、89%、91%、93%、95%、97%。含水率依据最优含水率 9.6%分别划分为 6%、8%、10%、12%。

表 4.9　嘉峪关地区含细粒土砂硫酸盐渍土盐胀均匀设计表 $U_{12}(12×6×6×4)$

水平 ＼ 因素	1	2	3	4
1	1	2	2	4
2	2	3	4	4
3	3	5	6	4
4	4	6	2	3
5	5	1	4	3
6	6	3	6	3
7	7	4	1	2
8	8	6	3	2
9	9	1	5	2
10	10	2	1	1
11	11	4	3	1
12	12	5	5	1

$D = 0.2954$

表 4.10　嘉峪关地区含细粒土砂硫酸盐渍土盐胀试验因素水平

含盐量/%	上覆荷载/kPa	初始干密度/(g/cm³) (括号中为压实度)	含水率/%
0.3	8.74	1.84(87%)	6
0.6	18.98	1.88(89%)	8
0.9	27.36	1.92(91%)	10

续表

含盐量/%	上覆荷载/kPa	初始干密度/(g/cm³)	含水率/%
1.2	33.87	1.96(93%)	12
1.5	40.94	2.00(95%)	
1.8	50.24	2.05(97%)	
2.1			
2.4			
2.7			
3.0			
3.3			
3.6			

表 4.11　嘉峪关地区含细粒土砂硫酸盐渍土盐胀试验均匀设计

水平＼因素	含盐量/%	上覆荷载/kPa	初始干密度/(g/cm³)	含水率/%
1	0.3	18.98	1.88	12
2	0.6	27.36	1.96	12
3	0.9	40.94	2.05	12
4	1.2	50.24	1.88	10
5	1.5	8.74	1.96	10
6	1.8	27.36	2.05	10
7	2.1	33.87	1.84	8
8	2.4	50.24	1.92	8
9	2.7	8.74	2.00	8
10	3.0	18.98	1.84	6
11	3.3	33.87	1.92	6
12	3.6	40.94	2.00	6

$D = 0.2954$

4.3.2　含细粒土砂硫酸盐渍土盐胀试验分析

含细粒土砂硫酸盐渍土冻融条件下盐胀试验曲线如图 4.16～图 4.27 所示。

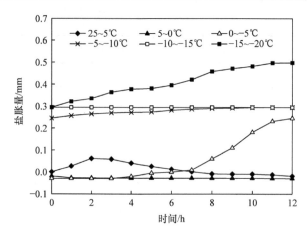

图 4.16　嘉峪关地区含细粒土砂硫酸盐渍土含盐量为 0.3%时盐胀试验曲线

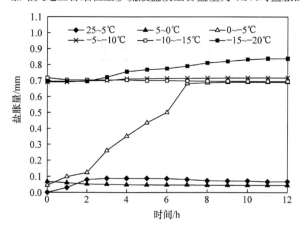

图 4.17　嘉峪关地区含细粒土砂硫酸盐渍土含盐量为 0.6%时盐胀试验曲线

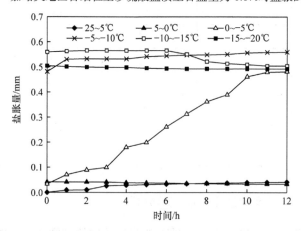

图 4.18　嘉峪关地区含细粒土砂硫酸盐渍土含盐量为 0.9%时盐胀试验曲线

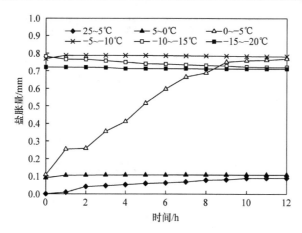

图 4.19　嘉峪关地区含细粒土砂硫酸盐渍土含盐量为 1.2%时盐胀试验曲线

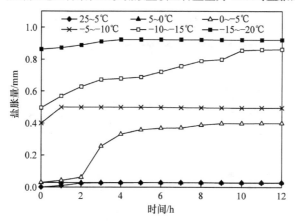

图 4.20　嘉峪关地区含细粒土砂硫酸盐渍土含盐量为 1.5%时盐胀试验曲线图

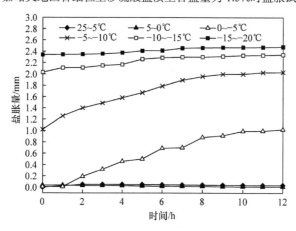

图 4.21　嘉峪关地区含细粒土砂硫酸盐渍土含盐量为 1.8%时盐胀试验曲线

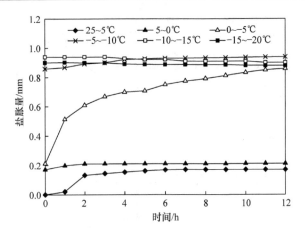

图 4.22　嘉峪关地区含细粒土砂硫酸盐渍土含盐量为 2.1%时盐胀试验曲线

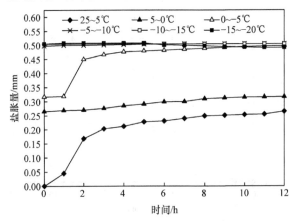

图 4.23　嘉峪关地区含细粒土砂硫酸盐渍土含盐量为 2.4%时盐胀试验曲线

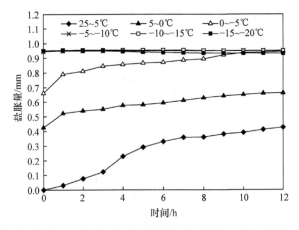

图 4.24　嘉峪关地区含细粒土砂硫酸盐渍土含盐量为 2.7%时盐胀试验曲线

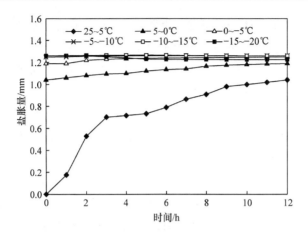

图 4.25 嘉峪关地区含细粒土砂硫酸盐渍土含盐量为 3.0%时盐胀试验曲线

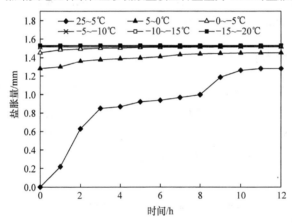

图 4.26 嘉峪关地区含细粒土砂硫酸盐渍土含盐量为 3.3%时盐胀试验曲线

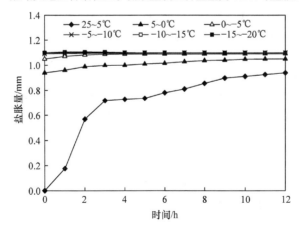

图 4.27 嘉峪关地区含细粒土砂硫酸盐渍土含盐量为 3.6%时盐胀试验曲线

由以上试验结果整体分析可知，盐胀量最大值出现在含盐量 1.8%、上覆荷载 27.36kPa、初始干密度 2.05g/cm³、含水率 10%时，此条件含盐量并非最大，上覆荷载比较小，初始干密度较大，含水率最接近最优含水率。盐胀量最小值分别出现在含盐量 0.9%、上覆荷载 40.94kPa、初始干密度 2.05g/cm³、含水率 12%和含盐量 2.4%、上覆荷载 50.24kPa、初始干密度 1.92g/cm³、含水率 8%两种条件下。两者有不同的含盐量、初始干密度及含水率，但是最终盐胀量较小。在 25～5℃、5～0℃、0～–5℃的降温区间里盐胀量增长迅速，基本完成了总盐胀量的 90%以上；其他降温区间盐胀量增长非常缓慢并趋于稳定。由于初始盐胀颗粒破坏了土体结构使土体下陷，随着温度逐渐降低和时间的增长，土体更深部分及其他大量 Na_2SO_4 开始盐胀结晶，得以填充孔隙继而使盐胀量继续增长。在不同条件下，含细粒土砂硫酸盐渍土随着含盐量的增加，盐胀量不断增大，但当含水率减少、上覆荷载增加时，盐胀增加程度有所降低。

4.3.3　盐胀影响因素交互作用

含细粒土砂硫酸盐渍土盐胀试验是基于均匀设计来组织试验的，试验结果需要进行多元非线性回归分析。借助于 SPSS 软件对盐胀数据进行多元非线性回归分析。通过 SPSS 软件经多次不同形式的拟合进行非线性回归分析，可得含细粒土砂硫酸盐渍土的含盐量、上覆荷载、初始干密度、含水率与盐胀关系的回归公式：

$$
\begin{aligned}
Y = & -170.356 + 8.206X_1 + 10.666X_3 - 2.607X_1^2 - 4.08\times10^{-2}X_2^2 \\
& + 0.772X_1^3 - 3.33\times10^{-2}X_4^3 \\
& + 3.802\times10^{-4}X_2^3 - 1.60\times10^{-2}X_3^3 - 0.325X_1X_4 \\
& + 0.539X_3X_4 - 3.58\times10^{-3}X_1X_2 + 2.205\times10^{-2}X_2X_4 \\
& + 5.392\times10^{-2}X_2X_3
\end{aligned} \tag{4.2}
$$

式中，X_1 为细粒填料的含盐量，%；X_2 为上覆荷载，kPa；X_3 为初始干密度，g/cm³；X_4 为含水率，%。全相关系数 $R^2 = 0.849$。

1. 含细粒土砂起胀温度与盐胀敏感温度区间

由含细粒土砂硫酸盐渍土在不同含盐量、不同含水率及不同初始密度条件下的盐胀特性分析可得出含细粒土砂硫酸盐渍土的起胀温度，见表 4.12。

表 4.12　嘉峪关地区含细粒土砂硫酸盐渍土起胀温度

Na$_2$SO$_4$ 含量 ω_s/%	$\omega_s \leqslant 1$	$1 < \omega_s \leqslant 2$	$2 < \omega_s \leqslant 3$	$3 < \omega_s \leqslant 4$	$\omega_s > 4$
起胀温度/℃	0～5	5～15	10～25	20～30	25～35

通过对含细粒土砂硫酸盐渍土不同条件下的盐胀过程曲线分析可得出不同含盐量条件下的盐胀敏感温度区间,见表 4.13。

表 4.13　嘉峪关地区含细粒土砂硫酸盐渍土盐胀敏感温度区间

Na$_2$SO$_4$ 含量 ω_s/%	$\omega_s \leqslant 1$	$1 < \omega_s \leqslant 2$	$2 < \omega_s \leqslant 3$	$3 < \omega_s \leqslant 4$	$\omega_s > 4$
盐胀敏感温度区间/℃	−5～0	−15～0	−5～10	5～20	15～25

含细粒土砂硫酸盐渍土起胀温度与盐胀敏感温度区间中,当含水率较小时,起胀温度偏高温限,盐胀敏感温度区间偏低温限;当含水率较大时,起胀温度偏低温限,盐胀敏感温度区间偏高温限;当上覆荷载较小时,起胀温度偏高温限,盐胀敏感温度区间偏高温限;当上覆荷载较大时,起胀温度偏低温限,盐胀敏感温度区间偏低温限。

2. 含细粒土砂盐渍土 Na$_2$SO$_4$ 含量与盐胀率的对应关系

为了研究含细粒土砂硫酸盐渍土 Na$_2$SO$_4$ 含量与盐胀率的对应关系,设定含细粒土砂硫酸盐渍土初始干密度为 2.05g/cm^3(压实度 95%),含水率为最优含水率 9.6%,上覆荷载为 27.36kPa,利用含细粒土砂硫酸盐渍土的含盐量、上覆荷载、初始干密度、含水率与盐胀关系的非线性回归公式,进行 Na$_2$SO$_4$ 含量与盐胀率的对应关系分析,结果见表 4.14。

表 4.14　嘉峪关地区含细粒土砂硫酸盐渍土 Na$_2$SO$_4$ 含量与盐胀率关系对应表

Na$_2$SO$_4$ 含量 ω_s/%	$\omega_s \leqslant 2$	$2 < \omega_s \leqslant 4$	$4 < \omega_s \leqslant 7$	$\omega_s > 7$
盐胀率 η/%	$\eta \leqslant 1$	$1 < \eta \leqslant 3$	$3 < \eta \leqslant 6$	$\eta > 6$

4.4　细粒土质砂硫酸盐渍土盐胀特性

4.4.1　盐胀试验方案设计

为了配制细粒土质砂试样,采用嘉峪关地区的粗粒盐渍土进行筛分,筛出粒径 0.074mm $< d <$ 2mm 的砂类土。筛出的砂类土用蒸馏水洗盐并烘干,在室温下添加黄土作为细粒填料。细粒土质砂的细粒土含量为 15%～50%,故采用界限值

50%添加黄土，即配制成细粒土质砂。天然黄土物理性质指标与4.2节试验相同。配制的细粒土质砂进行重型击实试验，通过初始干密度与含水率关系曲线得出细粒土质砂的最大干密度为2.19g/cm³，最优含水率为10.3%。

通过均匀设计组织试验，模拟细粒土质砂盐渍土在单次降温条件下随含盐量、上覆荷载、初始干密度、含水率条件变化时的盐胀规律。试验取含盐量12个水平，上覆荷载6个水平，初始干密度6个水平，含水率4个水平。采用均匀设计表$U_{12}(12×6×6×4)$安排试验，见表4.15，试验各因素取值见表4.16，盐胀试验均匀设计表见表4.17。

试验含盐量是以细粒土质砂中的细粒填土为百分基数。上覆荷载共分6个水平，最大荷载达50.24kPa。为了研究初始干密度对盐胀量的影响，初始干密度较分散地划分为6个水平，依次为最大干密度的87%、89%、91%、93%、95%、97%。含水率依据最优含水率10.3%分别划分为7%、9%、11%、13%。

表4.15　嘉峪关地区细粒土质砂硫酸盐渍土盐胀均匀设计表 $U_{12}(12×6×6×4)$

水平＼因素	1	2	3	4
1	1	2	2	4
2	2	3	4	4
3	3	5	6	4
4	4	6	2	3
5	5	1	4	3
6	6	3	6	3
7	7	4	1	2
8	8	6	3	2
9	9	1	5	2
10	10	2	1	1
11	11	4	3	1
12	12	5	5	1

$$D = 0.2954$$

表4.16　嘉峪关地区细粒土质砂硫酸盐渍土盐胀试验因素水平

含盐量/%	上覆荷载/kPa	初始干密度/(g/cm³)	含水率/%
0.3	8.74	1.91(87%)	7
0.6	18.98	1.96(89%)	9
0.9	27.36	2.00(91%)	11

续表

含盐量/%	上覆荷载/kPa	初始干密度/(g/cm³)	含水率/%
1.2	33.87	2.04(93%)	13
1.5	40.94	2.09(95%)	
1.8	50.24	2.13(97%)	
2.1			
2.4			
2.7			
3.0			
3.3			
3.6			

表 4.17　嘉峪关地区细粒土质砂硫酸盐渍土盐胀试验均匀设计表

水平 \ 因素	含盐量/%	上覆荷载/kPa	初始干密度/(g/cm³)	含水率/%
1	0.3	18.98	1.96	13
2	0.6	27.36	2.04	13
3	0.9	40.94	2.13	13
4	1.2	50.24	1.96	11
5	1.5	8.74	2.04	11
6	1.8	27.36	2.13	11
7	2.1	33.87	1.91	9
8	2.4	50.24	2.00	9
9	2.7	8.74	2.09	9
10	3.0	18.98	1.91	7
11	3.3	33.87	2.00	7
12	3.6	40.94	2.09	7

$$D = 0.2954$$

4.4.2　细粒土质砂硫酸盐渍土盐胀试验分析

细粒土质砂硫酸盐渍土冻融条件下盐胀试验曲线见图 4.28～图 4.39。

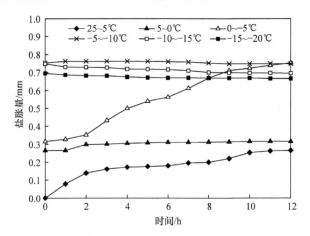

图 4.28　嘉峪关地区细粒土质砂硫酸盐渍土含盐量为 0.3%时盐胀试验曲线

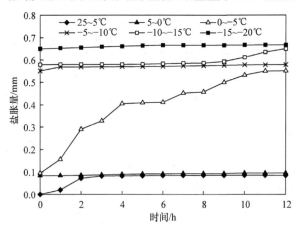

图 4.29　嘉峪关地区细粒土质砂硫酸盐渍土含盐量为 0.6%时盐胀试验曲线

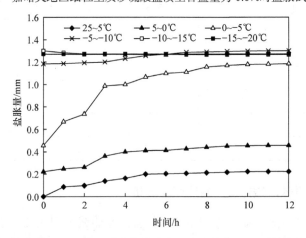

图 4.30　嘉峪关地区细粒土质砂硫酸盐渍土含盐量为 0.9%时盐胀试验曲线

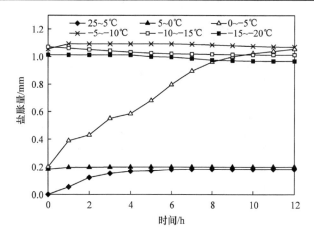

图 4.31　嘉峪关地区细粒土质砂硫酸盐渍土含盐量为 1.2%时盐胀试验曲线

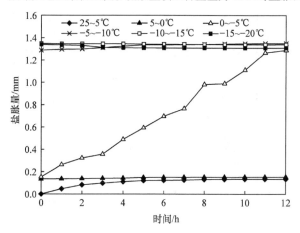

图 4.32　嘉峪关地区细粒土质砂硫酸盐渍土含盐量为 1.5%时盐胀试验曲线

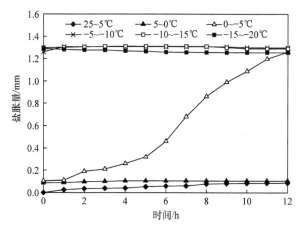

图 4.33　嘉峪关地区细粒土质砂硫酸盐渍土含盐量为 1.8%时盐胀试验曲线

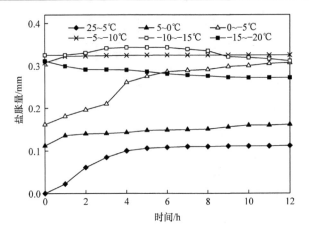

图 4.34　嘉峪关地区细粒土质砂硫酸盐渍土含盐量为 2.1%时盐胀试验曲线

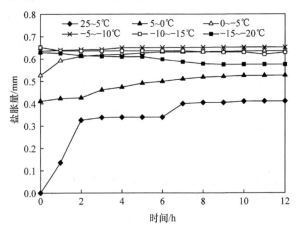

图 4.35　嘉峪关地区细粒土质砂硫酸盐渍土含盐量为 2.4%时盐胀试验曲线

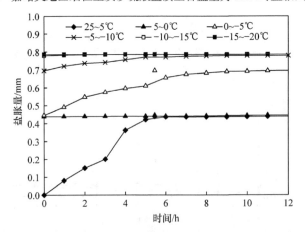

图 4.36　嘉峪关地区细粒土质砂硫酸盐渍土含盐量为 2.7%时盐胀试验曲线

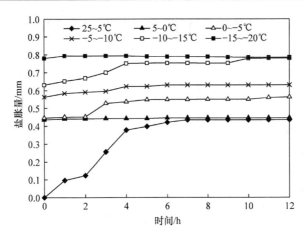

图 4.37　嘉峪关地区细粒土质砂硫酸盐渍土含盐量为 3.0%时盐胀试验曲线

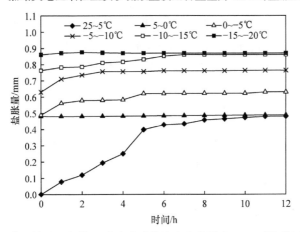

图 4.38　嘉峪关地区细粒土质砂硫酸盐渍土含盐量为 3.3%时盐胀试验曲线

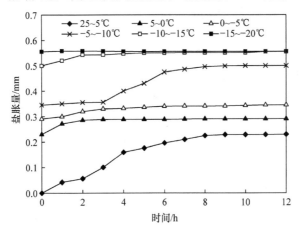

图 4.39　嘉峪关地区细粒土质砂硫酸盐渍土含盐量为 3.6%时盐胀试验曲线

由以上试验结果整体分析可知，最大值出现在含盐量 1.5%、上覆荷载 8.74kPa、初始干密度 2.04g/cm^3、含水率 11%时，其特点是含盐量中等，初始干密度大，上覆荷载很小，含水率接近于最优含水率。由此可知，盐胀量在最优含水率附近呈现最大值。当含盐量 2.1%、上覆荷载 33.87kPa、初始干密度 1.91g/cm^3、含水率 9%时，细粒土质砂盐胀量最小。此条件含盐量较小，初始干密度较小，空隙体积较大，盐胀表现不明显。盐胀量增长主要区间是 0～–5℃，盐胀增长迅速，盐胀量基本达到总盐胀量的 90%；在–5～–10℃、–10～–15℃、–15～–20℃降温区间内，盐胀量增长缓慢并趋于稳定。在不同条件下，细粒土砂硫酸盐渍土随着含盐量的增加，盐胀量不断增大，但当含水率减少、上覆荷载增加时，盐胀增加程度有所降低。

4.4.3 盐胀影响因素交互作用

细粒土质砂硫酸盐渍土盐胀试验是基于均匀设计来组织试验的，试验结果需要进行多元非线性回归分析。通过 SPSS 软件经多次不同形式的拟合进行非线性回归分析，可得含细粒土砂硫酸盐渍土的含盐量、上覆荷载、初始干密度、含水率与盐胀关系的非线性回归公式：

$$
\begin{aligned}
Y = {} & -12.490 + 4.28X_1 - 9.24 \times 10^{-2} X_2 \\
& + 1.493X_3 - 0.761X_4 - 3.011X_1^2 - 6.63 \times 10^{-3} X_2^2 + 0.460X_1^3 \\
& + 8.936 \times 10^{-5} X_2^3 - 5.91 \times 10^{-4} X_3^3 \\
& + 3.096 \times 10^{-3} X_4^3 + 8.62 \times 10^{-2} X_1 X_4 - 3.63 \times 10^{-2} X_3 X_4 + 1.56 \times 10^{-2} X_1 X_2 \\
& + 1.49 \times 10^{-2} X_2 X_4 + 7.678 \times 10^{-4} X_2 X_3
\end{aligned} \tag{4.3}
$$

式中，X_1 为细粒填料的含盐量，%；X_2 为上覆荷载，kPa；X_3 为初始干密度，g/cm^3；X_4 为含水率，%。全相关系数 $R^2 = 0.900$。

1. 细粒土质砂起胀温度与盐胀敏感温度区间

由细粒土质砂硫酸盐渍土在不同含盐量、不同含水率及不同密度条件下的盐胀特性分析可得细粒土质砂硫酸盐渍土在不同含盐量条件下的起胀温度，见表 4.18。

表 4.18 嘉峪关地区细粒土质砂硫酸盐渍土起胀温度

Na$_2$SO$_4$ 含量 ω_s/%	$\omega_s \leqslant 1$	$1 < \omega_s \leqslant 2$	$2 < \omega_s \leqslant 3$	$3 < \omega_s \leqslant 4$	$\omega_s > 4$
起胀温度/℃	0～10	5～10	10～15	15～25	25～35

通过对细粒土质砂硫酸盐渍土不同条件下的盐胀过程曲线分析可得不同含盐量条件下的盐胀敏感温度区间，见表 4.19。

表 4.19　嘉峪关地区细粒土质砂硫酸盐渍土盐胀敏感温度区间

Na₂SO₄ 含量 ω_s/%	$\omega_s \leqslant 1$	$1 < \omega_s \leqslant 2$	$2 < \omega_s \leqslant 3$	$3 < \omega_s \leqslant 4$	$\omega_s > 4$
盐胀敏感温度区间/℃	−5～0	−5～5	−5～10	0～20	15～25

砾类、砂类硫酸盐渍土起胀温度与盐胀敏感温度区间中，当含水率较小时，起胀温度偏高温限，盐胀敏感温度区间偏低温限；当含水率较大时，起胀温度偏低温限，盐胀敏感温度区间偏高温限；上覆荷载较小时，起胀温度偏高温限，盐胀敏感温度区间偏高温限；当上覆荷载较大时，起胀温度偏低温限，盐胀敏感温度区间偏低温限。

2. 细粒土质砂盐渍土硫酸钠含量与盐胀率的对应关系

为了研究细粒土质砂硫酸盐渍土硫酸钠含量与盐胀率的对应关系，设定细粒土质砂硫酸盐渍土初始干密度为最大干密度 2.09g/cm³(压实度 95%)，含水率为最优含水率 10.3%，上覆荷载为 27.36kPa，利用细粒土质砂硫酸盐渍土的含盐量、上覆荷载、初始干密度、含水率与盐胀关系的非线性回归公式，进行细粒土质砂硫酸盐渍土 Na₂SO₄ 含量与盐胀率对应关系分析，结果见表 4.20。

表 4.20　嘉峪关地区细粒土质砂硫酸盐渍土 Na₂SO₄ 含量与盐胀率关系对应表

Na₂SO₄ 含量 ω_s/%	$\omega_s \leqslant 1.5$	$1.5 < \omega_s \leqslant 3$	$3 < \omega_s \leqslant 6$	$\omega_s > 6$
盐胀率 η/%	$H < 1$	$1 < \eta < 3$	$3 < \eta < 6$	$\eta > 6$

4.5　单因素作用下粗粒盐渍土的盐胀特性

盐胀试验试样中的细粒土均按照土分类的极限值进行配制，含细粒土砂中细粒土的含量取 15%，细粒土质砂和细粒土质砾中细粒土的含量均取 50%。筛出粒径 2mm > d ⩾ 0.075mm 的粗粒土来配制砂类土，用粒径 40mm > d ⩾ 0.075mm 的粗粒土配制砾类土，并用自来水与蒸馏水洗盐烘干处理，添加天然黄土(过 0.075mm 土壤筛)作为细粒土。砂类土配土方案见表 4.21，砾类土配土方案见表 4.22，土样的击实特性见表 4.23。

表 4.21　砂类土配土方案

粒径 d/mm	$2 > d \geqslant 1$	$1 > d \geqslant 0.5$	$0.5 > d \geqslant 0.25$	$0.25 > d \geqslant 0.075$	$d < 0.075$
不同粒径含细粒土砂质量分数/%	10	30	30	15	15
不同粒经细粒土质砂质量分数/%	10	15	15	10	50

表 4.22 砾类土配土方案

粒径 d/mm	$40 > d \geqslant 20$	$20 > d \geqslant 10$	$10 > d \geqslant 5$	$5 > d \geqslant 2$	$2 > d \geqslant 1$	$1 > d \geqslant 0.5$	$0.5 > d \geqslant 0.25$	$0.25 > d \geqslant 0.075$	$d < 0.075$
不同粒径砾类土质量分数/%	5	10	10	5	5	10	2.5	2.5	50

表 4.23 土样的击实特性

土样	最大干密度/(g/cm³)	最优含水率/%
含细粒土砂	1.975	11.0
细粒土质砂	2.125	8.4
细粒土质砾	2.224	6.4

单因素盐胀试验以 DW-40 型高低温试验箱(可控温度为−40~60℃)为基础，采用内径 24cm、高 25cm 的有机玻璃桶作为试验容器，分别开展温度、含盐量、含水率、压实度、上覆荷载五个因素作用下的盐胀试验(图 4.40)。盐胀降温等级依次为 25℃、20℃、15℃、10℃、5℃、0℃、−5℃、−10℃、−15℃，并记录每一级的盐胀量以便于分析。

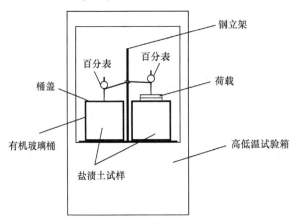

(a) 试验装置示意图　　　　　　　　　(b) 试验装置放置图

图 4.40 室内单因素盐胀试验图

4.5.1 温度变化单因素盐胀特性

为研究粗粒盐渍土盐胀的起胀温度、盐胀敏感温度区间及持续降温时间对盐胀率的影响，分别配制仅添加 Na_2SO_4 和仅添加 $NaCl$ 的两种类型盐渍土，此时含水率取最优含水率，压实度为 93%，含盐量初始值根据已有的研究成果取 0.5%，控制其他因素一定，且不添加上覆荷载。通过试验结果可得，含细粒土砂、细粒土质砂和细粒土质砾三种类型土样盐胀率与逐次降温时间关系曲线如图4.41~图4.43所示。

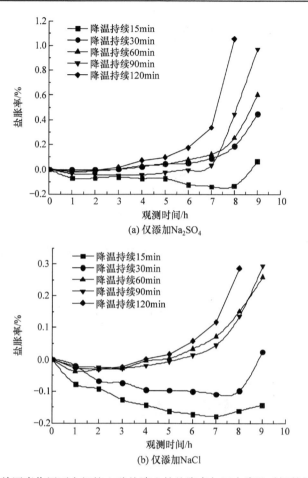

(a) 仅添加Na$_2$SO$_4$

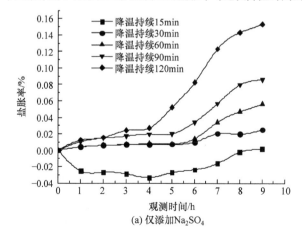

(b) 仅添加NaCl

图 4.41　单因素作用下含细粒土砂盐渍土的盐胀率与逐次降温时间的关系曲线

(a) 仅添加Na$_2$SO$_4$

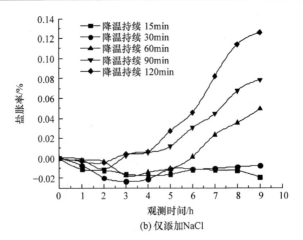

(b) 仅添加NaCl

图 4.42　单因素作用下细粒土质砂盐渍土的盐胀率与逐次降温时间的关系曲线

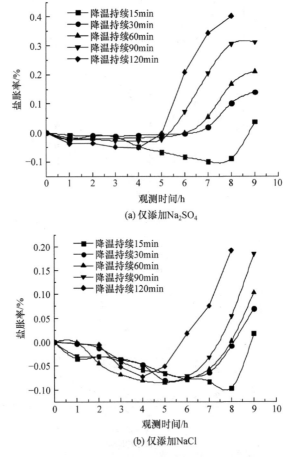

图 4.43　单因素作用下细粒土质砾盐渍土的盐胀率与逐次降温时间的关系曲线

由图 4.41～图 4.43 可知，随着各级降温持续时间的变长，各试样的盐胀率均有不同程度的增加，且当降温持续时间为 120min 时，盐胀率最大。其中，对于三种类型土样，仅添加 Na$_2$SO$_4$ 的盐渍土和仅添加 NaCl 的盐渍土的盐胀起胀温度范围为 0～-5℃，当温度降到-10℃时，盐胀最为敏感。从图 4.41～图 4.43 可以看出，三种类型土样的试验结果都是 Na$_2$SO$_4$ 盐渍土最终的盐胀率明显大于 NaCl 盐渍土的盐胀率。

由于当逐次降温持续时间为 60min 时，试样已经具有较大的盐胀率，且盐胀率居于其他持续降温时间所测盐胀率之间，可见此盐胀试验结果对探究盐胀量的大小已具有代表性，为便于试验操作，在后续试验中，单次降温持续时间均取60min。

4.5.2　含盐量变化单因素盐胀特性

基于上述降温速率，取试样压实度为 93%，含水率取素土的最优含水率，上覆荷载为 0kPa，配置硫酸盐渍土(仅添加 Na$_2$SO$_4$)和亚硫酸盐渍土(Cl$^-$含量/SO$_4^{2-}$ 含量= 0.5)，并改变易溶盐的含量，以探索含细粒土砂、细粒土质砂、细粒土质砾三种不同土类的硫酸盐渍土和亚硫酸盐渍土的盐胀规律，试验结果分析如图 4.44～图 4.46 所示。

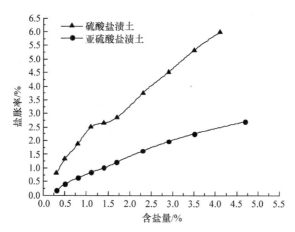

图 4.44　含盐量变化单因素条件下含细粒土砂盐渍土盐胀曲线

从图 4.44～图 4.46 可以看出，在其他条件一定的情况下，粗粒盐渍土的盐胀率随着含盐量的增加而增加，且不论是含细粒土砂或是细粒土质砂(砾)，对于同一含盐量而言，其硫酸盐渍土的盐胀率均大于亚硫酸盐渍土。由于当含盐量为0.5%时，三类盐渍土试样都开始出现一定量的盐胀，故起胀含盐量均取 0.5%。同时，为了便于后续相关试验的开展，按照高等级公路容许盐胀率为 1%的标准确

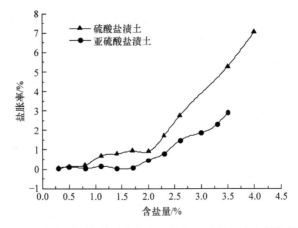

图 4.45　含盐量变化单因素条件下细粒土质砂盐渍土盐胀曲线

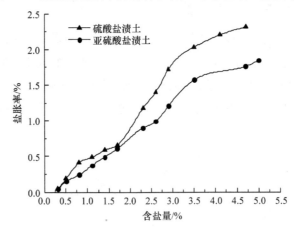

图 4.46　含盐量变化单因素条件下细粒土质砾盐渍土盐胀曲线

定破坏含盐量，结合图 4.44～图 4.46 可知，含细粒土砂硫酸盐渍土及亚硫酸盐渍土的破坏含盐量分别取为 2.2%、1.4%，细粒土质砂硫酸盐渍土及亚硫酸盐渍土的破坏含盐量分别取为 2.2%、2.6%，细粒土质砾硫酸盐渍土及亚硫酸盐渍土的破坏含盐量分别取为 2.3%、2.6%。

4.5.3　含水率变化单因素盐胀特性

为了探究含水率对不同盐渍土盐胀的影响，本次试验同样以硫酸盐渍土和亚硫酸盐渍土为研究对象，在压实度为 93%，上覆荷载为 0kPa 的条件下，针对上述试验所得的起胀含盐量和破坏含盐量两种情况，通过调节试样的含水率，以观测其在最佳盐胀温度区间和降温速率下的盐胀变化。根据试验结果可得图 4.47～图 4.52 所示的盐胀率曲线。

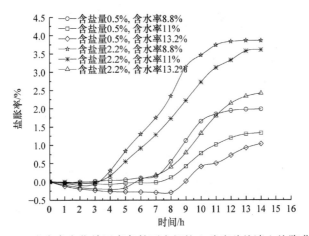

图 4.47　含水率变化单因素条件下含细粒土砂硫酸盐渍土盐胀曲线

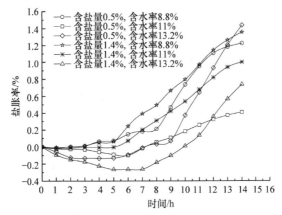

图 4.48　含水率变化单因素条件下含细粒土砂亚硫酸盐渍土盐胀曲线

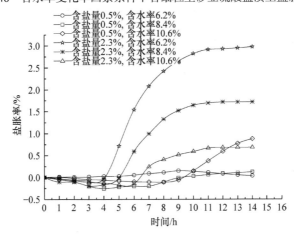

图 4.49　含水率变化单因素条件下细粒土质砂硫酸盐渍土盐胀曲线

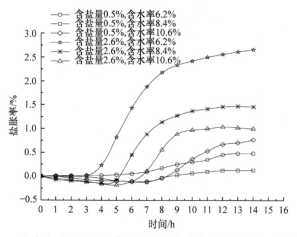

图 4.50　含水率变化单因素条件下细粒土质砂亚硫酸盐渍土盐胀曲线

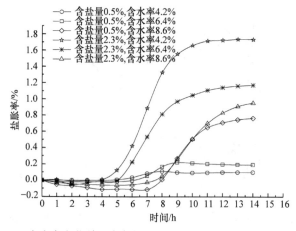

图 4.51　含水率变化单因素条件下细粒土质砾硫酸盐渍土盐胀曲线

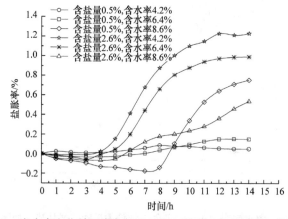

图 4.52　含水率变化单因素条件下细粒土质砾亚硫酸盐渍土盐胀曲线

从图 4.47～图 4.52 可以看出，任何一种盐渍土的试样随着温度的降低，均会发生不同程度的盐胀，且对于含盐量相同的同一种盐渍土，随着土体含水率的增大，土样产生盐胀的起胀温度会降低。当含盐量为破坏含盐量时，在三类盐渍土中，不论是硫酸盐渍土还是亚硫酸盐渍土，含水率低的试样所产生的最终盐胀率大于含水率高的试样。但当含盐量为起胀含盐量时，这种现象并不明显。

4.5.4　压实度变化单因素盐胀特性

根据试验方案，在试样为最优含水率且无上覆荷载的条件下，通过调节土样的压实度，开展了土体密实程度对粗粒硫酸盐渍土和亚硫酸盐渍土盐胀率影响的试验。其中试样的压实度分别为 89%、93%、97%，含盐量分别取起胀含盐量和破坏含盐量。根据试验结果可得图 4.53～图 4.58 所示的盐胀率曲线。

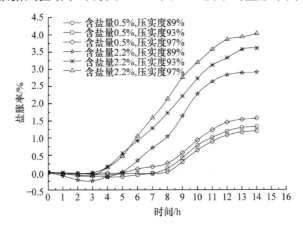

图 4.53　压实度变化单因素条件下含细粒土砂硫酸盐渍土盐胀曲线

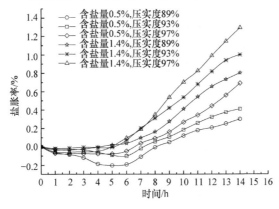

图 4.54　压实度变化单因素条件下含细粒土砂亚硫酸盐渍土盐胀曲线

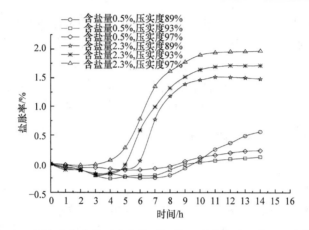

图 4.55　压实度变化单因素条件下细粒土质砂硫酸盐渍土盐胀曲线

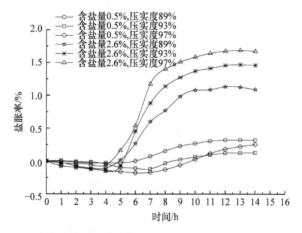

图 4.56　压实度变化单因素条件下细粒土质砂亚硫酸盐渍土盐胀曲线

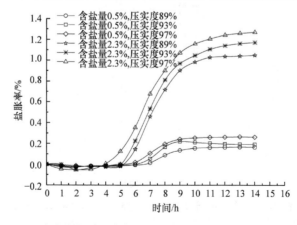

图 4.57　压实度变化单因素条件下细粒土质砾硫酸盐渍土盐胀曲线

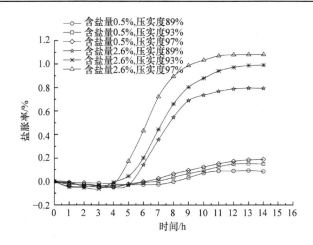

图 4.58　压实度变化单因素条件下细粒土质砾亚硫酸盐渍土盐胀曲线

从图 4.53～图 4.58 中可以看出，对于同一类盐渍土，当含盐量、含水率相同，而压实度不同时，硫酸盐渍土和亚硫酸盐渍土的盐胀起胀温度区间基本相同。可见，压实度对粗粒盐渍土的盐胀起胀温度区间影响较小。对于细粒土质砂，当含盐量(0.5%)较小时，压实度(89%)较小的试样最终盐胀率大，当含盐量较大时，试样的盐胀率随着压实度的减小而减小。对于含细粒土砂和细粒土质砾，不论含盐量为多少，最终盐胀率均随着压实度的增大而增大。这是因为压实度越大，试样越密实，孔隙率则越小，随着盐分吸水结晶，芒硝晶体很容易填充孔隙进而产生膨胀。当压实度相同时，同一种盐渍土的含盐量越大，对应的盐胀率也越大。

4.5.5　上覆荷载变化单因素盐胀特性

对于上覆荷载这一影响盐胀因素的研究，是在破坏含盐量、最优含水率、压实度为93%的条件下开展的，通过上覆荷载等级的变化，分析其对硫酸盐渍土和亚硫酸盐渍土盐胀率的影响作用。根据试验结果绘制上覆荷载与盐胀率的关系曲线，如图 4.59～图 4.61 所示。

从图 4.59～图 4.61 可以看出，对于三类盐渍土而言，其上覆荷载的添加，对盐渍土的盐胀具有一定的抑制作用，且上覆荷载越大，对应盐渍土的盐胀率越小。可见，增加盐渍土地基的上覆荷载，在一定程度上能抑制其盐胀变形。

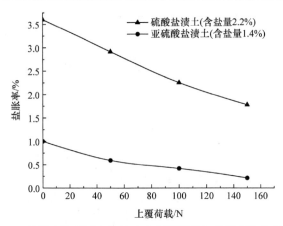

图 4.59　单因素作用下含细粒土砂上覆荷载与盐胀率的关系曲线

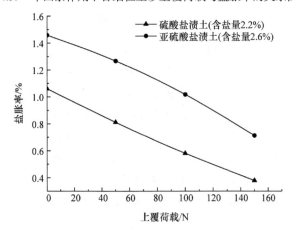

图 4.60　单因素作用下细粒土质砂上覆荷载与盐胀率的关系曲线

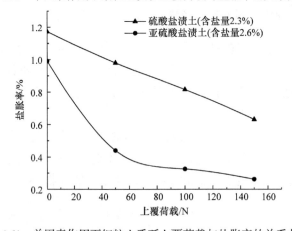

图 4.61　单因素作用下细粒土质砾上覆荷载与盐胀率的关系曲线

4.6　多因素作用下粗粒盐渍土的盐胀特性

4.6.1　试验方案设计

采用回归正交试验设计方法，在单因素盐胀试验结果的基础上，展开多因素交互作用下粗粒硫酸盐渍土和亚硫酸盐渍土的室内盐胀试验，并对试验数据进行二次回归方程拟合(仅考虑两个因素之间的交互作用)，以便较好地反映粗粒盐渍土盐胀率影响因素间的交互作用，各变量对盐胀率影响的重要程度。

首先，确定正交试验的总次数。因为本次多因素盐胀试验考虑含盐量、含水率、压实度、上覆荷载四个因素，即 $p = 4$，则二水平试验次数为 $m_c = 2^p = 16$；星号试验次数为 $2p = 8$；此次试验的零水平试验次数取为 $m_0 = 1$。因此，多因素交互作用下每种粗粒盐渍土的盐胀试验次数均为 $m = m_c + 2p + m_0 = 25$。

其次，确定含盐量、含水率、压实度、上覆荷载四个因素的试验范围。以起胀含盐量和破坏含盐量为依据确定含盐量的试验范围，含水率范围为最优含水率±2%，压实度取值为89%～97%，结合试验装置条件，上覆荷载的范围取0～4.42kPa。

在回归设计中，应对因子水平进行编码，试验因素的水平被编码为$-\gamma$、-1、0、1、γ，其中$-\gamma$为下星臂号，γ为上星臂号。将各个因素的实际值 $z_i (i = 1,2,3,4)$ 按式(4.4)换算成与其相应的、无量纲的 x_i 值。

$$x_i = (z_i - z_{0i}) / \Delta_i \tag{4.4}$$

式中，z_{0i} 为第 i 个因素上下界的平均值，$z_{0i} = (z_{1i} + z_{2i}) / 2$，$[z_{1i}, z_{2i}]$ 为第 i 个因素的变化范围；Δ_i 为第 i 个因素的变化区间，$\Delta_i = (z_{2i} - z_{1i}) / (2\gamma)$，$\gamma$ 值计算如下(也可查二次回归正交设计参数表)：

$$\gamma = \sqrt{\frac{\sqrt{(m_c + 2p + m_0) - m_c}}{2}} \tag{4.5}$$

经计算可得，$\gamma = 1.414$。

含细粒土砂、细粒土质砂、细粒土质砾硫酸盐渍土和亚硫酸盐渍土四因素正交试验设计因素水平编码表见表 4.24。

表 4.24　因素水平的编码表

土类名称		规范变量	含盐量/% (x_1)	含水率/% (x_2)	压实度/% (x_3)	上覆荷载/kPa (x_4)
含细粒土砂	硫酸盐渍土	基准水平(0)	1.496	11	93	2.21
		变化间距(Δ)	0.704	1.556	2.83	1.563
		上水平(+1)	2.2	12.556	95.83	3.77

土类名称		规范变量	含盐量/% (x_1)	含水率/% (x_2)	压实度/% (x_3)	上覆荷载/kPa (x_4)
含细粒土砂	硫酸盐渍土	下水平(−1)	0.792	9.444	90.17	0.65
		上星臂号(+1.414)	2.491	13.2	97	4.42
		下星臂号(−1.414)	0.5	8.8	89	0
	亚硫酸盐渍土	基准水平(0)	1.4	11	93	2.21
		变化间距(Δ)	0.87	1.556	2.83	1.563
		上水平(+1)	2.3	12.556	95.83	3.77
		下水平(−1)	0.81	9.444	90.17	0.65
		上星臂号(+1.414)	2.61	13.2	97	4.42
		下星臂号(−1.414)	0.5	8.8	89	0
细粒土质砂	硫酸盐渍土	基准水平(0)	1.496	8.4	93	2.21
		变化间距(Δ)	0.704	1.556	2.83	1.563
		上水平(+1)	2.2	9.96	95.83	3.77
		下水平(−1)	0.792	6.84	90.17	0.65
		上星臂号(+1.414)	2.491	10.6	97	4.42
		下星臂号(−1.414)	0.5	6.2	89	0
	亚硫酸盐渍土	基准水平(0)	1.73	8.4	93	2.21
		变化间距(Δ)	0.87	1.556	2.83	1.563
		上水平(+1)	2.6	9.96	95.83	3.77
		下水平(−1)	0.86	6.84	90.17	0.65
		上星臂号(+1.414)	2.96	10.6	97	4.42
		下星臂号(−1.414)	0.5	6.2	89	0
细粒土质砾	硫酸盐渍土	基准水平(0)	1.555	6.4	93	2.21
		变化间距(Δ)	0.746	1.556	2.83	1.563
		上水平(+1)	2.3	7.956	95.83	3.77
		下水平(−1)	0.8	4.844	90.17	0.65
		上星臂号(+1.414)	2.61	8.6	97	4.42
		下星臂号(−1.414)	0.5	4.2	89	0
	亚硫酸盐渍土	基准水平(0)	1.73	6.4	93	2.21
		变化间距(Δ)	0.87	1.556	2.83	1.563
		上水平(+1)	2.6	7.956	95.83	3.77
		下水平(−1)	0.86	4.844	90.17	0.65
		上星臂号(+1.414)	2.96	8.6	97	4.42
		下星臂号(−1.414)	0.5	4.2	89	0

将三大类盐渍土的四个因素试验水平编码完成后，即可按照回归正交设计展开试验安排，具体见表 4.25。

表 4.25 二次回归正交试验设计安排表

试验号	试验设计矩阵				
	x_0	x_1	x_2	x_3	x_4
1	1	1	1	1	1
2	1	1	1	1	−1
3	1	1	1	−1	1
4	1	1	1	−1	−1
5	1	1	−1	1	1
6	1	1	−1	1	−1
7	1	1	−1	−1	1
8	1	1	−1	−1	−1
9	1	−1	1	1	1
10	1	−1	1	1	−1
11	1	−1	1	−1	1
12	1	−1	1	−1	−1
13	1	−1	−1	1	1
14	1	−1	−1	1	−1
15	1	−1	−1	−1	1
16	1	−1	−1	−1	−1
17	1	1.414	0	0	0
18	1	−1.414	0	0	0
19	1	0	1.414	0	0
20	1	0	−1.414	0	0
21	1	0	0	1.414	0
22	1	0	0	−1.414	0
23	1	0	0	0	1.414
24	1	0	0	0	−1.414
25	1	0	0	0	0

最后，根据试验安排，分别进行含细粒土砂、细粒土质砂、细粒土质砾硫酸盐渍土和亚硫酸盐渍土的多因素交互作用下的盐胀试验。根据单因素试验所得结论，同样从 25℃开始逐渐降温，依次经过下列温级：25℃、20℃、15℃、10℃、5℃、0℃、−5℃、−10℃、−15℃，其中，每级降温完成且稳定 1h 后再进行下一

个等级，达到-15℃后稳定 6h，每一组试样试验时间为 14h，用百分表测量并记录每级稳定后的盐胀率，具体试验结果见表4.26。

表 4.26　多因素作用下盐胀试验结果

试验号	盐胀率/%					
	含细粒土砂		细粒土质砂		细粒土质砾	
	硫酸盐渍土	亚硫酸盐渍土	硫酸盐渍土	亚硫酸盐渍土	硫酸盐渍土	亚硫酸盐渍土
1	1.456	0.703	0.865	0.231	1.410	0.385
2	3.396	1.148	2.188	1.144	1.866	0.614
3	1.267	0.668	1.017	0.23	1.410	0.428
4	2.811	1.416	1.892	1.099	2.119	0.691
5	1.773	0.562	1.667	1.322	1.377	1.108
6	3.944	1.426	2.393	1.783	1.983	1.447
7	2.056	0.848	1.872	1.426	1.252	0.964
8	4.053	1.626	2.496	1.881	1.745	1.602
9	1.144	1.000	0.051	−0.022	0.953	0.255
10	1.734	1.553	0.172	0.279	1.810	0.533
11	0.945	1.121	0.138	0.078	0.968	0.32
12	1.756	1.663	0.333	0.202	1.330	0.505
13	1.270	0.832	0.060	0.014	0.591	0.342
14	1.933	1.406	0.294	0.178	1.043	0.614
15	1.022	0.709	0.115	−0.054	0.639	0.404
16	1.740	1.475	0.374	0.123	1.038	0.579
17	2.620	0.968	2.238	1.658	2.156	1.045
18	0.661	1.158	0.036	0.002	0.577	0.452
19	0.938	1.540	0.578	0.307	1.692	0.548
20	2.107	0.682	1.137	0.962	0.745	0.757
21	1.815	1.110	1.055	0.884	1.448	0.568
22	1.616	0.720	1.026	0.920	1.172	0.648
23	1.301	0.881	0.550	0.320	0.935	0.521
24	2.834	1.617	1.383	1.126	1.817	0.858
25	1.955	1.066	1.028	0.736	1.372	0.662

4.6.2　多因素交互作用下粗粒盐渍土盐胀特性

假设粗粒盐渍土在多因素交互作用下盐胀率计算公式有如下形式：

$$Y = b_0 + \sum_{i=1}^{p} b_i x_i + \sum_{k<i}^{p} b_{ki} x_k x_i + \sum_{i=1}^{p} b_{ii} x_i' \tag{4.6}$$

式中，x_i、x_kx_i、x_i' 分别为一次项、一次交互作用项与二次项 x_i^2 的中心变化项的编码因素；Y 为盐胀率，%；x_1 为含盐量，%；x_2 为含水率，%；x_3 为压实度，%；x_4 为上覆荷载，kPa；$x_i' = x_i^2 - (2^p + 1\gamma^2)/m$；$b_0, b_i, b_{ki}, b_{ii}$ 为回归系数。

1. 回归系数的计算及回归方程的建立

$$b_0 = \frac{B_0}{m}, \quad b_i = \frac{B_i}{h}, \quad b_{ki} = \frac{B_{ki}}{m_c}, \quad k < i \tag{4.7}$$

$$b_{ii} = \frac{B_{ii}}{s_0}, \quad k, i = 1, 2, \cdots, p \tag{4.8}$$

$$B_0 = \sum_{j=1}^{n} y_j, \quad B_i = \sum_{j=1}^{n} x_{ji} y_j, \quad B_{ki} = \sum_{j=1}^{n} x_{jk} x_{ji} y_j, \quad k < i \tag{4.9}$$

$$B_{ii} = \sum_{j=1}^{n} x_{ji}' y_j, \quad j = 1, 2, \cdots, m \tag{4.10}$$

本试验建立的二次回归方程中，参数取值为

$$p = 4, \quad m = 25, \quad m_c = 16, \quad h = m_c + 2\gamma^2 = 20,$$

$$s_0 = (1 - h/m)^2 \times m_c + 2(\gamma^2 - h/m)^2 + (-h/m)^2 (m - m_c - 2) = 8$$

根据式(4.7)～式(4.10)及盐胀试验结果可以分别计算出含细粒土砂、细粒土质砂、细粒土质砾硫酸盐渍土和亚硫酸盐渍土盐胀率回归方程的回归系数，并得到相应的二次回归方程，见表4.27。

表 4.27　初步盐胀率回归方程

名称		初步拟合回归方程
含细粒土砂	硫酸盐渍土	$Y = 1.926 + 0.599x_1 - 0.247x_2 - 0.064x_3 - 0.630x_4 - 0.157x_1x_2 - 0.015x_1x_3 - 0.304x_1x_4$ $+ 0.056x_2x_3 + 0.041x_2x_4 - 0.018x_3x_4 + 0.043x_1' - 0.016x_2' + 0.080x_3' + 0.257x_4'$
	亚硫酸盐渍土	$Y = 1.116 - 0.081x_1 + 0.080x_2 - 0.017x_3 - 0.315x_4 - 0.090x_1x_2 - 0.034x_1x_3 - 0.025x_1x_4$ $- 0.002x_2x_3 + 0.043x_2x_4 + 0.025x_3x_4 + 0.011x_1' + 0.035x_2' - 0.063x_3' + 0.104x_4'$
细粒土质砂	硫酸盐渍土	$Y = 0.998 + 0.798x_1 - 0.170x_2 - 0.025x_3 - 0.277x_4 - 0.145x_1x_2 + 0.014x_1x_3 - 0.171x_1x_4$ $+ 0.021x_2x_3 - 0.042x_2x_4 - 0.028x_3x_4 + 0.064x_1' - 0.076x_2' + 0.015x_3' - 0.022x_4'$
	亚硫酸盐渍土	$Y = 0.673 + 0.533x_1 - 0.218x_2 - 0.005x_3 - 0.230x_4 - 0.249x_1x_2 - 0.016x_1x_3 - 0.121x_1x_4$ $+ 0.006x_2x_3 - 0.059x_2x_4 - 0.013x_3x_4 - 0.029x_1' - 0.126x_2' + 0.007x_3' - 0.082x_4'$
细粒土质砾	硫酸盐渍土	$Y = 1.338 + 0.351x_1 + 0.177x_2 + 0.046x_3 - 0.279x_4 - 0.081x_1x_2 - 0.019x_1x_3 - 0.012x_1x_4$ $- 0.007x_2x_3 - 0.027x_2x_4 - 0.026x_3x_4 + 0.030x_1' - 0.044x_2' + 0.002x_3' + 0.035x_4'$
	亚硫酸盐渍土	$Y = 0.674 + 0.226x_1 - 0.181x_2 - 0.015x_3 - 0.143x_4 - 0.167x_1x_2 - 0.004x_1x_3 - 0.035x_1x_4$ $- 0.007x_2x_3 + 0.029x_2x_4 + 0.009x_3x_4 + 0.038x_1' - 0.010x_2' - 0.032x_3' - 0.009x_4'$

2. 回归方程与回归系数的检验

回归方程中诸项的偏回归平方和如式(4.11)所示：

$$S_i = b_i B_i , \quad S_{ki} = b_{ki} B_{ki} , \quad k < i , \quad S_{ii} = b_{ii} B_{ii} \tag{4.11}$$

回归平方和及其自由度公式如式(4.12)所示：

$$S_R = \sum_{i=1}^{p} S_i + \sum_{k<i}^{p} S_{ki} + \sum_{i=1}^{p} S_{ii} , \quad f_R = 2p + \binom{p}{2} \tag{4.12}$$

总平方和及其自由度的公式如式(4.13)所示：

$$S_T = \sum_{j=1}^{m} y_j^2 - S_0 , \quad f_T = m - 1 \tag{4.13}$$

残差平方和及其自由度公式如式(4.14)所示：

$$S_E = S_T - S_R , \quad f_E = f_T - f_R \tag{4.14}$$

F 比及均方和的公式如式(4.15)所示：

$$F = MS_R / MS_E , \quad MS_R = S_R / f_R , \quad MS_E = S_E / f_E \tag{4.15}$$

试验中，取显著性水平 $\alpha = 0.05$，若满足 $F_{S_R, S_E} > F_{0.05}(f_R, f_E)$，则说明回归方程在显著性水平 $\alpha = 0.05$ 上是显著的，其中，$F_{0.05}(14,10) = 2.87$，$F_{0.05}(1,10) = 4.96$。

通过计算可知，含细粒土砂硫酸盐渍土和亚硫酸盐渍土的 F_{S_R, S_E} 分别为 23.37 和 4.28；细粒土质砂硫酸盐渍土和亚硫酸盐渍土的 F_{S_R, S_E} 分别为 80.67 和 61.46；细粒土质砾硫酸盐渍土和亚硫酸盐渍土的 F_{S_R, S_E} 分别为 6.679 和 17.67。可见，所有的 F_{S_R, S_E} 均大于 2.87，说明其盐胀率回归方程在显著水平 $\alpha = 0.05$ 上都是显著的。

由于试验基于正交设计，所得到的回归系数互不相关，删除某些因子时并不会影响其他的回归系数的估计，故以 $F_{0.05}(1,10) = 4.96$ 为准进行不显著因素的删除，所得删除后的回归方程见表 4.28。

表 4.28 多因素作用下盐胀率的修正回归方程

土类名称		修正回归方程
含细粒土砂	硫酸盐渍土	$Y = 1.926 + 0.599x_1 - 0.247x_2 - 0.630x_4 - 0.157x_1x_2 - 0.304x_1x_4 + 0.257x_4'$
	亚硫酸盐渍土	$Y = 1.116 - 0.315x_4$
细粒土质砂	硫酸盐渍土	$Y = 0.998 + 0.798x_1 - 0.170x_2 - 0.277x_4 - 0.145x_1x_2 - 0.171x_1x_4$
	亚硫酸盐渍土	$Y = 0.673 + 0.533x_1 - 0.218x_2 - 0.230x_4 - 0.249x_1x_2 - 0.121x_1x_4 - 0.059x_2x_4$ $- 0.126x_2' - 0.082x_4'$
细粒土质砾	硫酸盐渍土	$Y = 1.338 + 0.351x_1 + 0.177x_2 - 0.279x_4$
	亚硫酸盐渍土	$Y = 0.674 + 0.226x_1 - 0.181x_2 - 0.143x_4 - 0.167x_1x_2$

最后，将式(4.4)代入修正回归方程，则可得到最终的回归方程，见表 4.29。

表 4.29　最终的回归方程

土类名称		最终的回归方程
含细粒土砂	硫酸盐渍土	$\hat{Y} = 0.326 + 3.038z_1 + 0.056z_2 - 0.455z_4 - 0.143z_1z_2 - 0.276z_1z_4 + 0.105z_4^2$
	亚硫酸盐渍土	$\hat{Y} = 1.561 - 0.202z_4$
细粒土质砂	硫酸盐渍土	$\hat{Y} = -1.566 + 2.589z_1 + 0.089z_2 + 0.055z_4 - 0.132z_1z_2 - 0.155z_1z_4$
	亚硫酸盐渍土	$\hat{Y} = -6.018 + 2.354z_1 + 1.106z_2 + 0.359z_4 - 0.184z_1z_2 - 0.089z_1z_4 - 0.024z_2z_4$ $- 0.052z_2^2 - 0.034z_4^2$
细粒土质砾	硫酸盐渍土	$\hat{Y} = 0.307 + 0.403z_1 + 0.114z_2 - 0.179z_4$
	亚硫酸盐渍土	$\hat{Y} = -0.195 + 1.049z_1 + 0.097z_2 - 0.091z_4 - 0.123z_1z_2$

表 4.29 中，$\hat{Y}$ 为盐胀率，%；z_1 为含盐量，%；z_2 为含水率，%；z_4 为上覆荷载，kPa；z_1z_2 为含盐量与含水率交互作用；z_1z_4 为含盐量与上覆荷载交互作用；z_2z_4 为含水率与上覆荷载交互作用。

3. 盐胀率回归方程的分析

因为偏回归系数绝对值的大小确定了对应的因素和交互作用的主次，而偏回归系数的正负显示了各因素对试验指标的影响方向，所以由表 4.29 可得如下结论。

1) 含细粒土砂

对于硫酸盐渍土，其盐胀率影响因素的主次作用依次为：上覆荷载 x_4>含盐量 x_1>交互作用 x_1x_4>含水率 x_2>交互作用 x_1x_2。

对于亚硫酸盐渍土，荷载 x_4 是其唯一显著性因素，即上覆荷载为影响盐胀率最主要的因素。

2) 细粒土质砂

对于硫酸盐渍土，其盐胀率影响因素的主次作用依次为：含盐量 x_1>上覆荷载 x_4>交互作用 x_1x_4>含水率 x_2>交互作用 x_1x_2。

对于亚硫酸盐渍土，其盐胀率影响因素的主次作用依次为：含盐量 x_1>交互作用 x_1x_2>上覆荷载 x_4>含水率 x_2>交互作用 x_1x_4>交互作用 x_2x_4。

3) 细粒土质砾

对于硫酸盐渍土，其盐胀率影响因素的主次作用依次为：含盐量 x_1>上覆荷载 x_4>含水率 x_2。

对于亚硫酸盐渍土，其盐胀率影响因素的主次作用依次为：含盐量 x_1 >含水率 x_2 >交互作用 x_1x_2 >上覆荷载 x_4。

从表 4.29 中也可以发现，试验中，虽然压实度作为影响盐胀率的一个重要因素，但是在显著性模型中并未体现。

通过开展多因素交互作用下粗粒盐渍土的盐胀试验分析，更加客观地反映了含盐量、含水率、压实度及上覆荷载等因素对盐渍土盐胀率的影响规律，为同类盐渍土体盐胀率的计算提出了相应的数学公式，也为第 6 章中粗粒硫酸盐及亚硫酸盐渍土的工程应用分类提供较为量化的支撑。

4.7 本 章 小 结

含细粒土砂、细粒土质砂、细粒土质砾硫酸盐渍土在单次降温条件下，随含盐量的增加，对于不同条件下的盐胀量都有一定的促进作用；上覆荷载的增加对盐胀量的增长具有一定的抑制作用；含盐量和初始干密度与盐胀量呈正比关系；上覆荷载与盐胀量呈反比关系。

系统回归了细粒土质砾、含细粒土砂及细粒土质砂硫酸盐渍土的含盐量、上覆荷载、初始干密度、含水率与盐胀率关系公式。通过对砾类、砂类硫酸盐渍土在不同含盐量、不同含水率及不同密度条件下的盐胀特性分析，得出砾类、砂类硫酸盐渍土在不同含盐量条件下的起胀温度及盐胀敏感温度区间，硫酸钠含量与盐胀率的对应关系。

通过单因素盐胀试验分析，提出了含细粒土砂、细粒土质砂及细粒土质砾硫酸盐渍土和亚硫酸盐渍土的盐胀敏感温度区间、起胀含盐量和破坏含盐量；给出了温度、含盐量、含水率、压实度、上覆荷载五个单一因素对粗粒盐渍土盐胀率的影响规律。

通过多因素粗粒盐渍土的盐胀特性分析，确定了各因素对粗粒盐渍土盐胀影响的交互作用：①对于含细粒土砂硫酸盐渍土，上覆荷载和含盐量是影响其盐胀率最主要的因素，含水率的影响比上述二者稍小，含盐量与上覆荷载两因素的交互作用，以及含盐量与含水率两因素的交互作用均为显著影响。②影响细粒土质砂盐胀率因素的主要作用依次为：含盐量、荷载、含水率；含盐量与荷载、含盐量与含水率的交互作用对其(亚)硫酸盐渍土的盐胀率也有重要影响。③对细粒土质砾而言，影响其盐胀率的最主要因素是含盐量，含水率和荷载的影响次之，而含盐量与含水率交互作用的影响仅在亚硫酸盐渍土的盐胀率中体现。

第5章 盐渍土溶陷变形特性

天然状态下的盐渍土，在土的自重压力或附加压力作用下，受水浸湿时产生的变形称作盐渍土溶陷变形。盐渍土溶陷变形分为两种：一是静水中的溶陷变形，短时间的浸水，水使土中部分或全部结晶盐溶解，强度降低，土颗粒重新排列，产生溶陷。溶陷变形量的大小取决于浸水量、土中盐的性质和含量及土的原始结构状态等。二是长时间的浸水，渗流作用下水带走了土体中的部分颗粒，形成潜蚀溶陷变形。盐渍土潜蚀的作用会使土体空隙变大，在自重或荷载下溶陷变形。水的渗流而造成的盐渍土潜蚀溶陷变形是盐渍土地基和其他非盐渍土地基沉陷的本质区别，而且是盐渍土溶陷的主要部分。潜蚀作用使盐渍土的结晶盐及细粒被水带走，空隙变大，土体结构不稳定，如图 5.1 和图 5.2 所示。

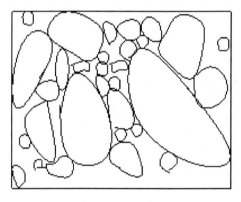 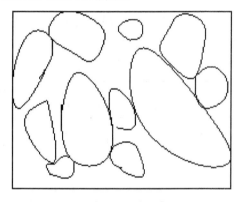

图 5.1　未潜蚀结构　　　　　　图 5.2　潜蚀后结构

通过开展室内溶陷试验描述不同类型细粒盐渍土在不同含水率和含盐量下的溶陷变形性状。采用离心模型试验对天然盐渍土溶陷特性进行分析，揭示天然盐渍土遇水溶陷的规律及机理。通过开展室内粗粒盐渍土大型溶陷试验，利用溶陷系数对其溶陷性进行评价，分析粗粒盐渍土的溶陷与各影响因素间的关系。

5.1　细粒盐渍土室内溶陷试验

5.1.1　试验方案设计

1. 试验方案选择

室内溶陷试验根据压缩曲线的特征可分为单压缩曲线和双压缩曲线两种，通常被简称为单线法和双线法。试验分别采用单线法、双线法分析盐渍土溶陷系数与含水率、含盐量变化的关系。同时，部分溶陷试验将单线法与双线法试验结果对比，深入分析溶陷系数的变化规律。

2. 试验程序计划

室内溶陷试验程序见图 5.3。

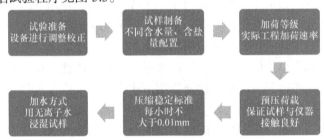

图 5.3　室内溶陷试验程序

3. 试验土样基本参数

室内溶陷试验土样选取石河子地区克拉玛依至榆树沟一级公路沿线的天然盐渍土，试验土样颗粒组成、易溶盐离子含量和基本参数见表 5.1～表 5.3。

表 5.1　石河子地区试样颗粒组成

试样	不同粒径范围颗粒质量分数/%					
	粒径<0.25mm	粒径<0.074mm	粒径<0.05mm	粒径<0.01mm	粒径<0.005mm	粒径<0.001mm
K174+900 低液限黏土	100	53.0	49.3	35.5	26.2	16.6
K177+300 低液限黏土	100	61.5	56.8	32.4	24.2	14.1

表 5.2　石河子地区试样易溶盐离子含量

试样	离子含量/%						总含盐量/%
	CO_3^{2-}	HCO_3^-	Cl^-	SO_4^{2-}	Ca^{2+}	Mg^{2+}	
K174+900 低液限黏土	0.018	0.009	0.516	0.18	0.34	0.23	2.53
K177+300 低液限黏土	0.018	0.016	0.152	0.46	0.414	0.068	1.08

表 5.3　石河子地区试样基本参数

试样	液限 ω_L/%	塑限 ω_p/%	塑性指数 I_p/%	最优含水率 w_{op}/%	最大干密度 /(g/cm³)	盐渍土划分
K174+900 低液限黏土	39.2	23.4	15.7	1.82	14.3	氯盐渍土 中盐渍土
K177+300 低液限黏土	27.2	12.4	14.9	1.96	10.9	硫酸盐渍土 中盐渍土

5.1.2 细粒盐渍土溶陷变形特性

1. 溶陷系数随压力变化关系

1) 不同含水率下溶陷系数随压力变化关系

低液限黏土氯盐渍土、硫酸盐渍土在相同含盐量、不同含水率下双线法和单线法曲线如图 5.4～图 5.7 所示。

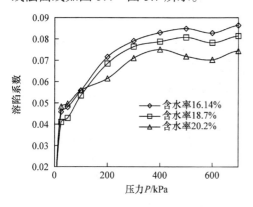

图 5.4　K174+900 氯盐渍土双线法溶陷系数曲线

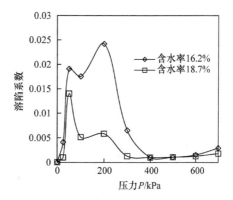

图 5.5　K174+900 氯盐渍土单线法溶陷系数曲线

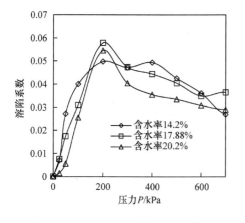

图 5.6　K177+300 硫酸盐渍土双线法溶陷系数曲线

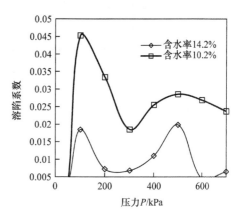

图 5.7　K177+300 硫酸盐渍土单线法溶陷系数曲线

通过对图 5.4～图 5.7 不同初始含水率下单线法和双线法溶陷系数与压力关系曲线的对比分析可知，在不同压力作用下，氯盐渍土和硫酸盐渍土的溶陷系数均有峰值溶陷系数。氯盐渍土、硫酸盐渍土随着初始含水率的增大，溶陷系数均有下降，峰值溶陷压力逐渐减小，溶陷起始压力 P_s 逐渐增大。

2) 不同含盐量下溶陷系数随压力变化关系

通过对图 5.8～图 5.11 所示不同含盐量下双线法和单线法溶陷系数与压力的关系曲线的对比分析可看出，在压力增加到一定值时，氯盐渍土、硫酸盐渍土的溶陷系数都随着含盐量的增加而增大。随着含盐量的增大，硫酸盐渍土溶陷起始压力 P_s 逐渐减小。

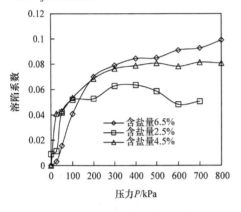

图 5.8　K174+900 氯盐渍土双线法
溶陷系数曲线

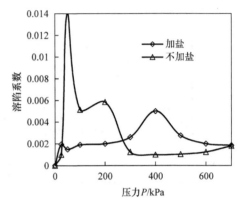

图 5.9　K174+900 氯盐渍土单线法
溶陷系数曲线

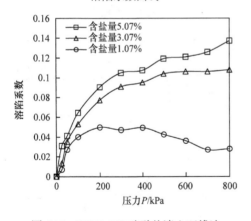

图 5.10　K177+300 硫酸盐渍土双线法
溶陷系数曲线

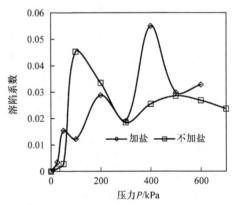

图 5.11　K177+300 硫酸盐渍土单线法
溶陷系数曲线

2. 溶陷系数随初始含水率、初始含盐量变化关系

1) 溶陷系数随初始含水率变化关系

低液限黏土氯盐渍土、硫酸盐渍土溶陷系数与初始含水率的双线法曲线如图 5.12 和图 5.13 所示。

　　在不同的溶陷压力下，氯盐渍土、硫酸盐渍土溶陷系数随含水率的变化趋势存在着差异，但总体趋势是随着含水率的增加溶陷系数减小。

　　2) 溶陷系数随初始含盐量变化关系

　　低液限黏土氯盐渍土、硫酸盐渍土溶陷系数与初始含盐量的双线法曲线如图 5.14 和图 5.15 所示。

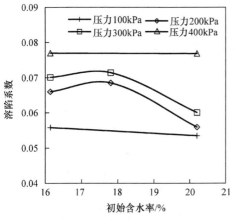

图 5.12　氯盐渍土溶陷系数与初始含水率的
关系

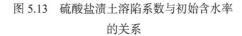

图 5.13　硫酸盐渍土溶陷系数与初始含水率
的关系

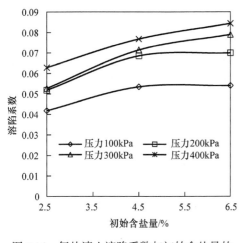

图 5.14　氯盐渍土溶陷系数与初始含盐量的
关系

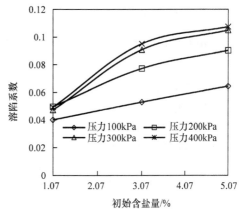

图 5.15　硫酸盐渍土溶陷系数与初始含盐量
的关系

　　由图 5.14 和图 5.15 可看出，随着初始含盐量的增加，氯盐渍土、硫酸盐渍土的溶陷系数都逐渐增大。初始含盐量和初始含水率对氯盐渍土、硫酸盐渍土的溶陷敏感性影响一致，都是随着浸水时间的增长，溶陷敏感性不断增强。

5.2　天然盐渍土溶陷离心模型试验

5.2.1　离心模型试验理论

1. 相似原理与相似条件

离心模型试验中的各项参数应与原型有一定的比例关系，才能保障模型反映原型的性状，这种关系称为物理量的相似。物理量的相似是指原型物理量与模型物理量在方向、大小、分布上存在一个确定的比例关系。物理过程或物理现象的相似是通过各个特征物理量的相似来表现的，各个特征物理量之间的关系就是两个物理现象的相似条件，也是进行模拟试验必须遵守的原则。对一般的力学现象而言，应当满足以下的相似条件：几何相似、动力学相似、运动学相似、介质物理特性相似。

离心模型试验中，几何相似通过按比例缩尺实现，动力相似通过施加离心惯性力来补偿模型缩尺所造成的自重力损失，得到重力补偿的离心试验模型与原型具有相同的应力水平。这一点对非线性变形的岩土材料非常关键。因此，对于研究与自重有关的岩土问题，离心模型试验是迄今为止相似性最好的力学模型试验方法。

2. 相似定理

相似理论的基础是相似三定理。相似三定理的实用意义在于指导模型的设计及有关试验数据的处理与推广，并在特定情况下，根据处理过的数据，提供建立微分方程的指标。

1) 相似正定理

彼此相似的现象，相似准数的数值相同或相似指标等于 1。这一定理是对相似现象本质的一种说明，也是现象相似的必然结果。

以牛顿第二定律 $F = m\dfrac{\mathrm{d}v}{\mathrm{d}t}$ 为约束条件，令 $F_p = C_F F_m$，$m_p = C_m m_m$，$v_p = C_v v_m$，$t_p = C_t t_m$，F_p、m_p、v_p、t_p 为原型参数，C_F、C_m、C_v、C_t 为各参数的相似常数，可以推导得出

$$\frac{C_F C_t}{C_m C_v} F_m = m_m \frac{\mathrm{d}v_m}{\mathrm{d}t_m} \tag{5.1}$$

式中，F_m、m_m、v_m、t_m 为模型参数。只有当 $\dfrac{C_F C_t}{C_m C_v} = 1$ 时，模型与原型相似，

将 $\dfrac{C_F\,C_t}{C_m C_v}$ 称为相似指标。当相似指标为 1 时，可以得到

$$\frac{F_{\mathrm p} t_{\mathrm p}}{m_{\mathrm p} v_{\mathrm p}} = \frac{F_{\mathrm m} t_{\mathrm m}}{m_{\mathrm m} v_{\mathrm m}} \tag{5.2}$$

式中，$\dfrac{F_{\mathrm p} t_{\mathrm p}}{m_{\mathrm p} v_{\mathrm p}}$、$\dfrac{F_{\mathrm m} t_{\mathrm m}}{m_{\mathrm m} v_{\mathrm m}}$ 为无量纲量，称为相似准数。相似现象的相似准数应相同。

2) π 定理

在一个物理现象或物理过程中涉及多个物理量时,相似准数也往往超过一个, 这时需要运用 π 定理来研究分析。π 定理是 Buckingham 在 1914 年提出的, 这个定理的提出, 使量纲分析的完整学说得到发展。

π 定理的表述：“描述一个物理现象的函数有 n 个物理量，其中有 k 个物理量 $(x_1,\cdots,x_k)$ 是相互独立的，那么这个函数又可以表示成由 $n-k$ 个无量纲相似准数 $(\pi_1,\pi_2,\cdots,\pi_{n-k})$ 之间的函数式”。描述物理现象的方程如下：

$$f_1\big(x_1, x_2, x_3,\cdots, x_k, y_{k+1},\cdots, y_n\big) = 0 \tag{5.3}$$

可以改写成

$$f_2(\pi_1, \pi_2, \cdots, \pi_{n-k}) = 0 \tag{5.4}$$

式中，$\pi_1 = \dfrac{y_{k+1}}{x_1^{\alpha_1} x_2^{\alpha_2} \cdots x_k^{\alpha_k}}$；$\pi_2 = \dfrac{y_{k+2}}{x_1^{\beta_1} x_2^{\beta_2} \cdots x_k^{\beta_k}}$；$\pi_{n-k} = \dfrac{y_n}{x_1^{\xi_1} x_2^{\xi_2} \cdots x_k^{\xi_k}}$。即 $n-k$ 个无量纲 π 数，可由这 k 个独立物理量的幂乘积得到。

对于相似的现象, 在对应点和对应时刻的相似准数都保持同值, 则它们的 π 关系式也应相同, 即

$$原型：f(\pi_{\mathrm p1}, \pi_{\mathrm p2}, \cdots, \pi_{\mathrm p(n-k)}) = 0 \tag{5.5}$$

$$模型：f(\pi_{\mathrm m1}, \pi_{\mathrm m2}, \cdots, \pi_{\mathrm m(n-k)}) = 0 \tag{5.6}$$

式中，$\pi_{\mathrm p1} = \pi_{\mathrm m1}$，$\pi_{\mathrm p2} = \pi_{\mathrm m2}$，$\cdots$，$\pi_{\mathrm p(n-k)} = \pi_{\mathrm m(n-k)}$。

π 定理表明, 在彼此相似的现象中, 只要将物理量之间的关系式转换成无量纲的形式, 其关系方程的各项, 就是相似准数。

3) 相似逆定理

对于同一类物理现象, 当单值条件彼此相似, 且由单值条件的物理量所组成相似准数的数值相同, 则现象相似。所谓单值条件是将个别现象从同类现象中区分出来, 即现象群的通解(从代表该现象群的微分方程或方程组得到)转变为特解的具体条件。其中, 单值条件包括几何条件(或空间条件)、介质条件(或物理条件)、边界条件、起始条件(或时间条件)。

相似正定理给出了相似现象的必要条件,描述了相似现象的特征与基本性质。

相似逆定理则规定了物理现象之间相似的必要与充分条件。在模型试验中，应根据相似正定理与相似逆定理来完成模型设计。

3. 溶陷离心模型试验的相似率

盐溶液的扩散系数 D 不仅与渗流速度有关，与土介质也有关。土的均匀性、各向异性及有无封闭气泡存在，都对扩散系数有影响。土作为多孔介质，其颗粒大小、形状、盐的分布不同，在主要的渗流方向以外，实际上还产生横向的渗透和盐分迁移。因此，提出了用张量形式表示扩散系数的概念，如同在连续介质中应力张量的概念一样，在建立渗透扩散的数学表达式中，扩散系数 D 应表征所选定的三个坐标轴方向的独立分量，在每一个方向上，由于扩散产生的盐质量的迁移分量为

$$\begin{cases} D_{11}\dfrac{\partial C}{\partial X_1} + D_{12}\dfrac{\partial C}{\partial X_2} + D_{13}\dfrac{\partial C}{\partial X_3} \\[2mm] D_{21}\dfrac{\partial C}{\partial X_1} + D_{22}\dfrac{\partial C}{\partial X_2} + D_{23}\dfrac{\partial C}{\partial X_3} \\[2mm] D_{31}\dfrac{\partial C}{\partial X_1} + D_{32}\dfrac{\partial C}{\partial X_2} + D_{33}\dfrac{\partial C}{\partial X_3} \end{cases} \tag{5.7}$$

式中，C 为盐溶液的浓度；D_{ij} 为盐溶液的扩散系数。

扩散系数 D_{ij} 可以用如下矩阵形式表示：

$$D_{ij} = \begin{pmatrix} D_{11} & D_{12} & D_{13} \\ D_{21} & D_{22} & D_{23} \\ D_{31} & D_{32} & D_{32} \end{pmatrix} \tag{5.8}$$

这表明盐迁移的分量不仅取决于某方向上盐溶液浓度的梯度，还取决于垂直于该方向上盐溶液浓度的梯度。

目前，得到广泛应用的计算盐渍土潜蚀的理论方法是维里金提出的渗流微分方程。维里金将盐的溶解、盐的扩散和盐溶液的渗流三个过程结合在一起，用一个微分方程来表达：

$$D\frac{\partial^2 C}{\partial y^2} - v\frac{\partial C}{\partial y} + \overline{\gamma}\left(C_s - C\right) = n\frac{\partial C}{\partial t} \tag{5.9}$$

式中，$\overline{\gamma}$ 为盐的溶解系数；C_s 为饱和溶液的浓度或溶解度；C 为盐溶液的浓度；D 为盐溶液的扩散系数；n 为土的空隙率；v 为渗流速度；t 为过程持续时间；y 为土的几何尺寸。

维里金公式中的参数，在真实条件下均以角标 R 表示，在模拟试验中均以 M 表示，则式(5.9)可以写为

$$D_{\mathrm{R}} \frac{\partial^2 C_{\mathrm{R}}}{\partial y_{\mathrm{R}}^2} - v_{\mathrm{R}} \frac{\partial C_{\mathrm{R}}}{\partial y_{\mathrm{R}}} + \bar{\gamma}_{\mathrm{R}} \left(C_{s\mathrm{R}} - C_{\mathrm{R}} \right) = n_{\mathrm{R}} \frac{\partial C_{\mathrm{R}}}{\partial t_{\mathrm{R}}} \tag{5.10}$$

$$D_{\mathrm{M}} \frac{\partial^2 C_{\mathrm{M}}}{\partial y_{\mathrm{M}}^2} - v_{\mathrm{M}} \frac{\partial C_{\mathrm{M}}}{\partial y_{\mathrm{M}}} + \bar{\gamma}_{\mathrm{M}} \left(C_{s\mathrm{M}} - C_{\mathrm{M}} \right) = n_{\mathrm{M}} \frac{\partial C_{\mathrm{M}}}{\partial t_{\mathrm{M}}} \tag{5.11}$$

此两个过程相应各参数之间的比例系数如下。

扩散系数的比例系数：

$$n_D = D_{\mathrm{R}} / D_{\mathrm{M}} \tag{5.12}$$

盐的溶解系数的比例系数：

$$n_{\bar{\gamma}} = \bar{\gamma}_{\mathrm{R}} / \bar{\gamma}_{\mathrm{M}} \tag{5.13}$$

溶液浓度的比例系数：

$$n_C = C_{\mathrm{R}} / C_{\mathrm{M}} \tag{5.14}$$

溶液浓度差的比例系数：

$$n_{\Delta C} = \Delta C_{\mathrm{R}} / \Delta C_{\mathrm{M}} = \left(C_{s\mathrm{R}} - C_{\mathrm{R}} \right) / \left(C_{s\mathrm{M}} - C_{\mathrm{M}} \right) \tag{5.15}$$

渗透速度的比例系数：

$$n_v = v_{\mathrm{R}} / v_{\mathrm{M}} \tag{5.16}$$

过程持续时间的比例系数：

$$n_t = t_{\mathrm{R}} / t_{\mathrm{M}} \tag{5.17}$$

土的空隙率的比例系数：

$$n_n = n_{\mathrm{R}} / n_{\mathrm{M}} \tag{5.18}$$

几何尺寸(包括坐标)的比例系数：

$$n_l = l_{\mathrm{R}} / l_{\mathrm{M}} = y_{\mathrm{R}} / y_{\mathrm{M}} \tag{5.19}$$

将这些系数作为常量代入描述真实过程的式(5.10)得

$$\frac{n_C n_D}{n_l^2} D_{\mathrm{M}} \frac{\partial^2 C_{\mathrm{M}}}{\partial y_{\mathrm{M}}^2} - \frac{n_v n_C}{n_l} v_{\mathrm{M}} \frac{\partial C_{\mathrm{M}}}{\partial y_{\mathrm{M}}} + n_{\bar{\gamma}} n_{\Delta C} \bar{\gamma}_{\mathrm{M}} \left(C_{s\mathrm{M}} - C_s \right) = \frac{n_n n_C}{n_t} n_{\mathrm{M}} \frac{\partial C_{\mathrm{M}}}{\partial t_{\mathrm{M}}} \tag{5.20}$$

式(5.11)和式(5.20)一样，都是描述模型试验条件的潜蚀过程，差别仅在于式中各项前的系数不同。模型试验所研究的过程与真实条件下的过程相似，根据式(5.11)和式(5.20)得

$$n_C n_D / n_l^2 = n_v n_C / n_l = n_\gamma - n_{\Delta C} = n_n n_C / n_t \tag{5.21}$$

由此求得

$$\frac{n_D}{n_l n_v} = 1 \tag{5.22}$$

$$\frac{n_\gamma - n_{\Delta C} n_l}{n_C n_v} = 1 \tag{5.23}$$

$$\frac{n_n n_l}{n_t n_v} = 1 \tag{5.24}$$

由式(5.22)得相似定数：

$$\frac{v_R l_R}{D_R} = \frac{v_M l_M}{D_M} = \mathrm{idem} \tag{5.25}$$

由式(5.23)得相似定数：

$$\frac{v_R C_R}{\overline{\gamma}_R \Delta C_R l_R} = \frac{v_M C_M}{\overline{\gamma}_M \Delta C_M l_M} = \mathrm{idem} \tag{5.26}$$

由式(5.24)得相似定数：

$$\frac{v_R t_R}{n_R l_R} = \frac{v_M t_M}{n_R l_M} = \mathrm{idem} \tag{5.27}$$

由于在离心模型试验中采用的土样与实际地基中的相同，由式(5.22)得

$$n_D = 1, \ n_l n_v = 1, \ l_R / l_M = v_M / v_R, \ \text{则} \ v_M = n_l v_R \tag{5.28}$$

由式(5.24)得

$$n_n = 1, \ n_v = 1/n_l, \ n_t = n_l^2, \ \text{则} \ t_M = t_R / n_l^2 \tag{5.29}$$

由式(5.23)得

$$n_{\Delta C} = 1, \ n_C = 1, \ l_\gamma n_l^2 = 1, \ \text{则} \ \overline{\gamma}_M = n_l^2 \overline{\gamma}_R \tag{5.30}$$

式(5.30)也可由盐渍土的溶解系数 γ 的量纲得出：

$$\frac{\overline{\gamma}_R}{\gamma_M} = \frac{1/t_R}{1/t_M} = \frac{t_M}{t_R} = \frac{1}{n_l^2} \tag{5.31}$$

$$\overline{\gamma}_M = n_l^2 \overline{\gamma}_R \tag{5.32}$$

综上可看出，当离心模型试验中采用土样厚度为 l_M 时，相当于真实条件下地基土厚度为 $l_R = n_l l_M$，此时，模型试验中溶液渗透速度 v_M 是实际土中渗透速度 v_R 的 n_l 倍，盐的溶解系数 $\overline{\gamma}_M$ 是实际溶解系数 $\overline{\gamma}_R$ 的 n_l^2 倍，整个潜蚀溶陷变形过程是实际情况发展的 n_l^2 倍。用离心模型试验代替现场试验，在时间和经济上都是可取的。

5.2.2　溶陷离心模型试验设计

1. 试验方法及方案

为了研究天然盐渍土遇水溶陷的规律及机理，选取焉耆地区典型天然盐渍土，

利用 CR21G 高速恒温离心机，进行 24 组盐渍土溶陷离心试验。试验以盐渍土天然含盐量为基准，分别添加 3%、5%、7%、10%的 NaCl 和 2%、4%、8%的 Na₂SO₄，配置土样，用重型击实仪，按照土的最优含水率将土样重塑。重塑后的土样削样，然后将土样装入内径 5cm、高度 5cm 的离心管中。管底预先铺双层滤纸，土样与滤纸结合紧密，土样装好后进行饱和，并保证各试样管等重。溶陷试验按设定的离心力 0.1kPa、1kPa、3kPa、5kPa、7kPa、10kPa，由低速向高速顺序进行旋转，测出各个离心加速度下的最大溶陷变形量，并收集各个离心力下不同时间的滤液，测定滤液的浓度。每组试验各做两次平行试验。

表 5.4　离心力与转速、相似比的关系

离心力/kPa	0	0.1	1	3	5	7	10	20
转速/(rad/min)	0	31	310	537	693	820	981	1387
离心加速度/g	0	0.079	7.8739	23.52	39.42	55.212	78.03	156
相似比	0	0.079	7.8739	23.52	39.42	55.212	78.03	156

试验中离心力越大，采用的相似比越大，实际模拟的地基深度越大。当离心力取 10kPa 时，离心加速度可达 $7.8 \times 10^4 \text{cm/s}^2$，约为重力加速度的 79 倍，可模拟实际土体高度为 3.9m。根据不同的离心加速度条件下测得的不同的溶陷系数，可以计算出盐渍土地基的最大潜蚀溶陷变形量。

2. 试验仪器

试验采用 HITACHI 公司生产的 CR21G 高速恒温离心机，试验装置示意图如图 5.16 所示，实物图如图 5.17 所示。

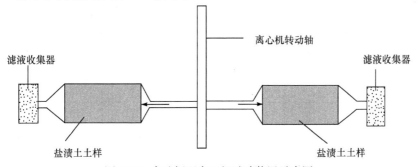

图 5.16　高速恒温离心机试验装置示意图

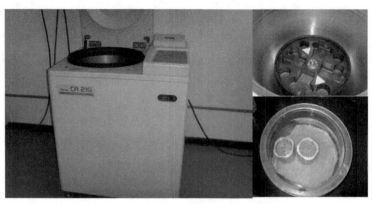

图 5.17　CR21G 高速恒温离心机实物图

3. 试验基本性质

在焉耆地区和硕至库尔勒高速公路沿线的天然盐渍土中选取黏土类天然盐渍土(低液限黏土)进行盐渍土离心潜蚀溶陷试验研究，试样颗粒组成、易溶盐离子含量和基本参数见表 5.5～表 5.7。

表 5.5　焉耆地区低液限黏土试样颗粒组成

试样	不同粒径范围颗粒质量分数/%								
	<0.001 mm	0.001～ 0.002mm	0.002～ 0.005mm	0.005～ 0.01mm	0.01～ 0.05mm	0.05～ 0.1mm	0.1～ 0.25mm	0.25～ 0.5mm	0.5～ 1mm
低液限 黏土(K431+000)	16.695	6.582	14.518	13.911	25.677	10.526	7.637	2.428	2.026

表 5.6　焉耆地区低液限黏土试样易溶盐离子含量

试样	离子含量/%							总含盐量/%
	CO_3^{2-}	HCO_3^-	Cl^-	SO_4^{2-}	Ca^{2+}	Mg^{2+}	k^++Na^+	
低液限 黏土(K431+000)	0.0512	0.0782	3.4651	0.5068	0.9174	0.1420	1.6685	6.8852

表 5.7　焉耆地区低液限黏土试样基本参数

试样	液限 ω_L/%	塑限 ω_p/%	塑性指数 I_p/%	最优含水率 w_{op}/%	最大干密度 /(g/cm³)	盐渍土 划分
低液限 黏土(K431+000)	31.61	18.42	13.22	16.52	1.768	氯盐渍土 强盐渍土

5.2.3　天然盐渍土潜蚀溶陷变形特性

1. 天然含盐量下盐渍土的溶陷特性

天然低液限黏土类强氯盐渍土溶陷特性试验曲线如图 5.18 所示。

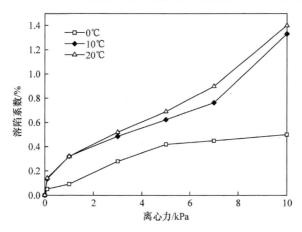

图 5.18　焉耆地区天然低液限黏土类强氯盐渍土不同温度时溶陷系数与离心力关系曲线

由图 5.18 可知，天然盐渍土随着离心力的增加，溶陷系数也在增大。离心力小于 5kPa 时曲线斜率较大，溶陷系数增加较快；离心力大于 5kPa，温度在 10℃、20℃时，曲线斜率较大，溶陷系数增加较大，试样最大溶陷系数为 1.4%。离心力小于 5kPa 时，10℃和 20℃的溶陷系数基本相同。这主要是因为氯化物的溶解度基本不受温度的影响，所以在 10℃和 20℃时溶陷系数相差不大，只有在压力较大情况下，温度高的土样溶陷系数略大于温度较低的土样溶陷系数。试样在 0℃时，溶陷系数明显低于 10℃和 20℃时的溶陷系数，且溶陷系数较小。

天然盐渍土在不同温度下的溶陷系数与离心力关系曲线的回归公式如下。

(1) 0℃：

$$y = 4\times10^{-10}x^4 - 3\times10^{-7}x^3 - 4\times10^{-6}x^2 + 0.0459x + 0.0274, \quad R^2 = 0.9997 \quad (5.33)$$

(2) 10℃：

$$y = -4\times10^{-10}x^4 + 7\times10^{-7}x^3 - 0.0004x^2 + 0.0943x + 0.5792, \quad R^2 = 0.9877 \quad (5.34)$$

(3) 20℃：

$$y = -2\times10^{-13}x^6 + 3\times10^{-10}x^5 - 1\times10^{-7}x^4 + 3\times10^{-5}x^3 - 0.0032x^2$$
$$+ 0.1968x - 0.038, \quad R^2 = 0.9978 \quad (5.35)$$

试样温度 20℃、压力 10kPa 条件下，滤液浓度随时间和溶液量的变化曲线如图 5.19 和图 5.20 所示。

由图 5.19 和图 5.20 可知，滤液浓度随时间变化曲线和溶液量变化曲线走势相似，滤液浓度随着离心试验的时间增加浓度减少，随着溶液量的增多其浓度也在减小。

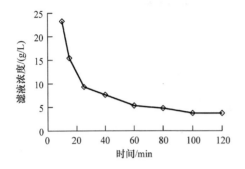

图 5.19　焉耆地区天然盐渍土滤液浓度随时　　　图 5.20　焉耆地区天然盐渍土滤液浓度随溶
　　　　　间变化曲线　　　　　　　　　　　　　　　　　　液量变化曲线

2. 氯盐对盐渍土溶陷性的影响

为了研究氯盐对盐渍土溶陷性的影响，在低液限黏土类强氯盐渍土中分别加入 3%、5%、7%、10%的 NaCl。原天然盐渍土中总含盐量为 6.88%，Cl⁻的含量为 3.48%，添加 NaCl 后，土中总含盐量分别为 9.88%、12.88%、14.88%、17.88%，Cl⁻的含量分别为 5.31%、6.54%、7.76%、9.60%。按最优含水率配置土样，在室温下(20℃)进行离心模型试验，试验结果如图 5.21 和图 5.22 所示。

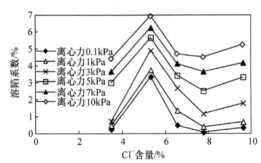

图 5.21　焉耆地区天然盐渍土不同离心力时溶陷系数随 Cl⁻含量变化的关系曲线

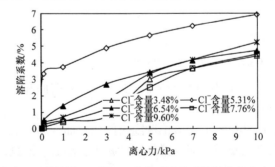

图 5.22　焉耆地区天然盐渍土不同 Cl⁻含量时溶陷系数随离心力变化的关系曲线

由图 5.21 可以看出,在相同离心力下溶陷系数均随含盐量的增大先增加后减小,溶陷系数峰值处 Cl⁻含量在 5%~6%。由图 5.22 可以看出,在含盐量相同的条件下,溶陷系数随离心力的增大而增大。这主要是因为随着含盐量的增加,在离心模型潜蚀试验的过程中,土体中构成土体骨架的盐分被水溶解,随滤液滤出得越多,溶陷系数就越大。

3. 硫酸盐对盐渍土溶陷特性的影响

为了研究硫酸盐对盐渍土溶陷性的影响,在天然盐渍土中加入 Na_2SO_4,原天然盐渍土中 SO_4^{2-}的含量为 0.508%,添加 Na_2SO_4 后土中总的含盐量分别为 8.884%、10.884%;SO_4^{2-}含量分别为 1.870%、3.210%。按最优含水率配置土样,在室温下进行离心模型试验,试验结果如图 5.23 所示。

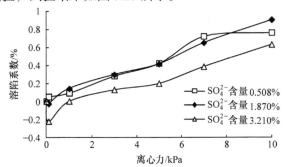

图 5.23　焉耆地区天然盐渍土不同 SO_4^{2-}含量时溶陷系数随离心力变化的关系曲线

由图 5.23 可以看出,盐渍土的溶陷系数随着离心力的增大而增大,Na_2SO_4含量对盐渍土溶陷性影响较小。当离心力小于 5kPa 时曲线斜率较大,溶陷系数增加较快;当离心力大于 5kPa 时,曲线斜率较小,溶陷系数增加缓慢,其中 SO_4^{2-}含量为 1.87%的试样溶陷系数最大 。

5.3　粗粒盐渍土大型溶陷试验

5.3.1　大型溶陷试验设计

由于现有规范的溶陷试验是针对细粒土开展的,本次试验对象为粗粒盐渍土,若按细粒土的试验方法进行取样试验,则与实际工况不符,不能反映原粗粒盐渍土的实际工程特性。为揭示粗粒盐渍土溶陷本质,通过考虑粗粒土间的颗粒效应,制作了适用于粗粒盐渍土的溶陷试验仪器。粗粒盐渍土的溶陷试验仪器主要由计算机控制系统、加压系统和粗粒土样盛放容器三大部分组成,如图 5.24 所示。其中,粗粒盐渍土的盛放容器为有机玻璃桶,其直径为 28cm,容器的上、下面可以自由地排水,并且在上面加钢排水板,使试样均匀负荷。同时,为了避免试样装置在受力后产生侧向变形而影响试验结果，在有机玻璃桶外侧安装一个铁箍。加压系统为电子万能试验机，其可以通过计算机控制系统输入编写的程序进行自动加载控制。

利用室内压缩试验进行盐渍土溶陷系数的计算时，浸水稳定加载压力为200kPa。试验采用单线法进行，0~200kPa 每 50kPa 为一级荷载施加，逐级加载，以试样每小时不超过 0.01mm 为压缩稳定标准，再施加下一级荷载。在 200kPa 荷载下，试样变形稳定后加无离子水由上而下浸湿试样，待变形稳定之后逐级加载(每级 100kPa)，至 300kPa 停止，读取各级荷载下的稳定变形量。其中，200kPa 之前每级 50kPa 加载，加载时间为 10min，稳定时间为 1h；200kPa 加载稳定时间为 1h，加水后浸湿 3 天；300kPa 加载时间为 10min，稳定 1h。最后，根据试验数据结果绘制溶陷试验曲线，如图 5.25 所示。

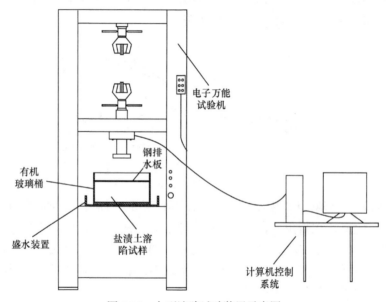

图 5.24　大型溶陷试验装置示意图

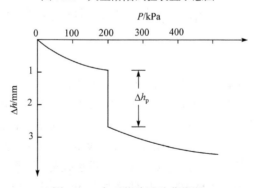

图 5.25　大型溶陷试验曲线图

按式(5.36)计算盐渍土的溶陷系数:

$$\delta = \Delta h_{\mathrm{p}} / h_0 = \left(h_{\mathrm{p}} - h_{\mathrm{p}}' \right) / h_0 \times 100\% \tag{5.36}$$

式中,h_0 为盐渍土试样原始高度,mm;h_{p} 为压力 P 稳定变形试样高度,mm;h_{p}' 为压力 P 浸水溶陷变形稳定后试样高度,mm。

根据已有的试验条件及试验需要,分别配置不同含盐量和含水率条件下的含细粒土砂硫酸及亚硫酸盐渍土、细粒土质砂硫酸及亚硫酸盐渍土、细粒土质砾硫酸及亚硫酸盐渍土,并静放闷料 48h 以上。表 5.8～表 5.10 分别列出了具体的试验方案。

表 5.8 含细粒土砂盐渍土大型溶陷试验方案

试验编号	硫酸盐渍土			亚硫酸盐渍土		
	含盐量/%	含水率/%	压实度/%	含盐量/%	含水率/%	压实度/%
1	0.5	7	93	0.5	5	93
2	0.5	8	93	0.5	7	93
3	0.5	9	93	0.5	9	93
4	0.5	11	93	0.5	11	93
5	0.5	13	93	0.5	13	93
6	1	11	93	0.8	11	93
7	1.5	7	93	1	7	93
8	1.5	9	93	1	9	93
9	1.5	11	93	1	11	93
10	1.5	13	93	1	13	93
11	1.5	13	89	1	13	89
12	1.5	9	89	1	9	89
13	2.2	7	93	1.4	5	93
14	2.2	8	93	1.4	7	93
15	2.2	9	93	1.4	9	93
16	2.2	11	93	1.4	11	93
17	2.2	13	93	1.4	13	93
18	2.2	13	89	1.4	13	89
19	2.2	9	89	1.4	9	89
20	3	11	93	2	11	93

表 5.9　细粒土质砂盐渍土大型溶陷试验方案

试验编号	硫酸盐渍土			亚硫酸盐渍土		
	含盐量/%	含水率/%	压实度/%	含盐量/%	含水率/%	压实度/%
1	0.5	8.4	93	0.5	8.4	93
2	1	8.4	93	1	8.4	93
3	1.5	2.4	93	1.5	2.4	93
4	1.5	4.4	93	1.5	4.4	93
5	1.5	6.4	93	1.5	6.4	93
6	1.5	6.4	89	1.5	6.4	89
7	1.5	8.4	93	1.5	8.4	93
8	1.5	10.4	93	1.5	10.4	93
9	1.5	10.4	89	1.5	10.4	89
10	2.2	2.4	93	2.6	2.4	93
11	2.2	4.4	93	2.6	4.4	93
12	2.2	6.4	93	2.6	6.4	93
13	2.2	6.4	89	2.6	6.4	89
14	2.2	8.4	93	2.6	8.4	93
15	2.2	10.4	93	2.6	10.4	93
16	2.2	10.4	89	2.6	10.4	89
17	3	8.4	93	3	8.4	93

表 5.10　细粒土质砾盐渍土大型溶陷试验方案

试验编号	硫酸盐渍土			亚硫酸盐渍土		
	含盐量/%	含水率/%	压实度/%	含盐量/%	含水率/%	压实度/%
1	0.5	6.4	93	0.5	6.4	93
2	1	6.4	93	1	6.4	93
3	1.5	2.4	93	1.5	2.4	93
4	1.5	4.4	93	1.5	4.4	93
5	1.5	4.4	89	1.5	4.4	89
6	1.5	6.4	93	1.5	6.4	93
7	1.5	8.4	93	1.5	8.4	93
8	1.5	8.4	89	1.5	8.4	89
9	1.5	10.4	93	1.5	10.4	93
10	2.3	2.4	93	2.6	2.4	93
11	2.3	4.4	93	2.6	4.4	93
12	2.3	4.4	89	2.6	4.4	89
13	2.3	6.4	93	2.6	6.4	93
14	2.3	8.4	93	2.6	8.4	93
15	2.3	8.4	89	2.6	8.4	89
16	2.3	10.4	93	2.6	10.4	93
17	3	6.4	93	3	6.4	93

　　根据上述试验方案依次开展粗粒硫酸盐渍土和亚硫酸盐渍土的溶陷试验，其中，试验流程依次为配土、添加盐分、拌样、土样击实、土样加载、浸水及实时监测变形等，试验装置实物图如图 5.26 所示。待每种粗粒盐渍土的试验全部完成后，对试验数据结果进行整理分析。

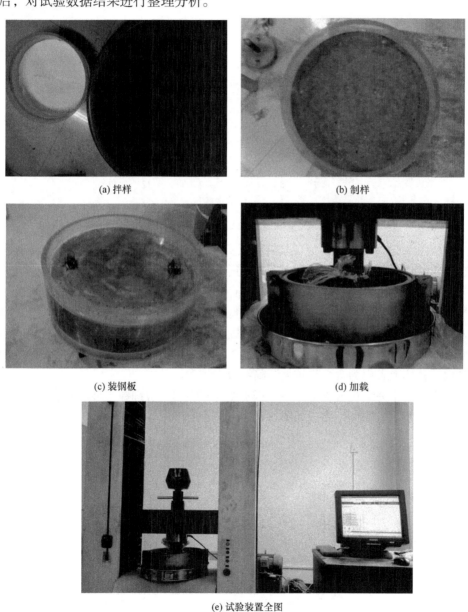

(a) 拌样　　　　　　　　　　　　　　(b) 制样

(c) 装钢板　　　　　　　　　　　　　(d) 加载

(e) 试验装置全图

图 5.26　溶陷试验装置实物图

5.3.2　含细粒土砂硫酸盐渍土溶陷变形特性

压实度为93%时，考虑不同含盐量含细粒土砂硫酸盐渍土的溶陷系数随初始含水率变化的关系，如图5.27所示。

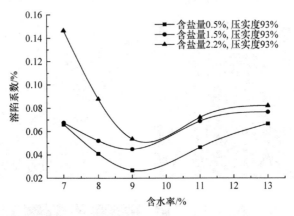

图5.27　含细粒土砂硫酸盐渍土溶陷系数与含水率的关系曲线

从图5.27可以看出，当含盐量和压实度一定时，随着含水率的增加，含细粒土砂硫酸盐渍土的溶陷系数呈现先减小后增大的趋势。这是因为刚开始土体中的骨架结构整体比较大且部分盐分以晶体存在，当压力加至200kPa稳定加水后，土样结构被水浸泡变软，导致连接强度降低。与此同时，土样中的盐分随着水的渗入被溶解带走，导致土体中出现孔隙，随着盐分的不断流出，最终土体不能承受原载荷，出现较大的沉降变形。而对于含水率和压实度相同的试样，在试验的范围内，整体上表现为含盐量越大溶陷系数也越大。

当含水率为最优含水率11%，压实度为93%时，含细粒土砂硫酸盐渍土的含盐量与溶陷系数的关系曲线如图5.28所示。

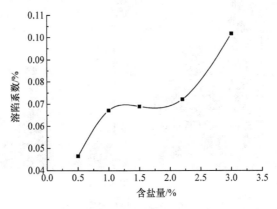

图5.28　含细粒土砂硫酸盐渍土溶陷系数与含盐量的关系曲线

由图 5.28 可知，随着含盐量的逐渐增大，含细粒土砂硫酸盐渍土的溶陷系数在含盐量小于 1%时增长较快，从 1%到破坏含盐量 2.2%，其溶陷系数变化较缓，当超过破坏含盐量 2.2%后，溶陷系数又以较快的速度增长。然而，即使含细粒土砂硫酸盐渍土达到盐胀破坏含盐量，其溶陷系数仍不足 1%。

为了对比不同压实度下盐渍土的溶陷变形量的大小，根据试验结果绘制如图 5.29 所示的溶陷曲线。

根据图 5.29 溶陷变形量试验结果，在 200kPa 稳定加载并加水后按溶陷系数公式(5.36)换算，图 5.29(a)中，压实度为 93%、89%试样的溶陷系数分别为 0.077%、0.084%；图 5.29(b)中，压实度为 93%、89%试样的溶陷系数分别为 0.082%、0.086%；图 5.29(c)中，压实度为 93%、89%试样的溶陷系数分别为 0.045%、0.063%；图 5.29(d)中，压实度为 93%、89%试样的溶陷系数分别为 0.054%、0.056%。当含盐量和含水率相同时，压实度不同会对盐渍土总变形量产生一定的影响，并且正常情况下压实度为 89%的试样所产生的总变形量大于压实度为 93%的试样，压实度大的试样溶陷系数相对较小。

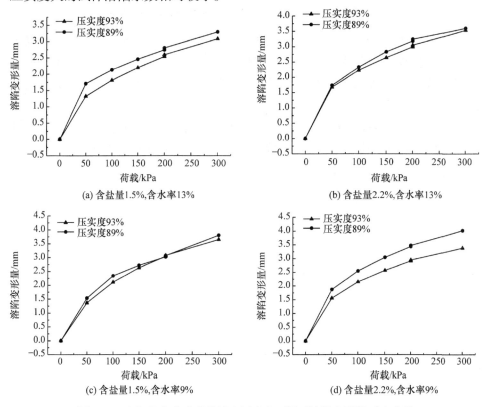

图 5.29　含细粒土砂硫酸盐渍土压实度不同时溶陷变形量对比曲线

5.3.3 含细粒土砂亚硫酸盐渍土溶陷变形特性

压实度为 93%时,考虑不同含盐量含细粒土砂亚硫酸盐渍土的溶陷系数随含水率变化的关系,如图 5.30 所示。

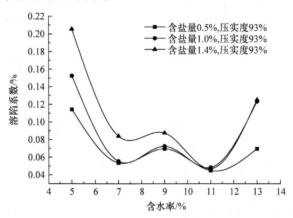

图 5.30 含细粒土砂亚硫酸盐渍土溶陷系数与含水率的关系曲线

从图 5.30 可以看出,当含盐量和压实度一定时,含细粒土砂亚硫酸盐渍土的溶陷系数随着含水率的增加整体呈下降趋势,直至含水率超过 11%时,溶陷系数又随着含水率的增加而增加,且同一含水率所对应含盐量高的溶陷系数大。

当含水率为最优含水率 11%,压实度为 93%时,为了更加准确地反映试验规律,在原试验的基础上再增加几组试验点,得到含细粒土砂亚硫酸盐渍土的溶陷系数与含盐量的关系曲线如图 5.31 所示。

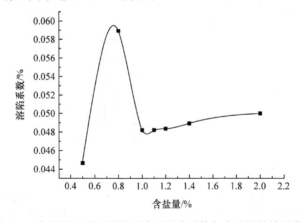

图 5.31 含细粒土砂亚硫酸盐渍土溶陷系数与含盐量的关系曲线

由图 5.31 可知,在最优含水率为 11%且压实度为 93%时,含细粒土砂亚硫酸盐渍土的溶陷系数随着含盐量的增大而先增大后减小，当含盐量超过 1.0%后，溶陷系数以较小的速率继续增大。

当含盐量和含水率相同时，根据试验数据所绘压实度对照曲线如图 5.32 所示。

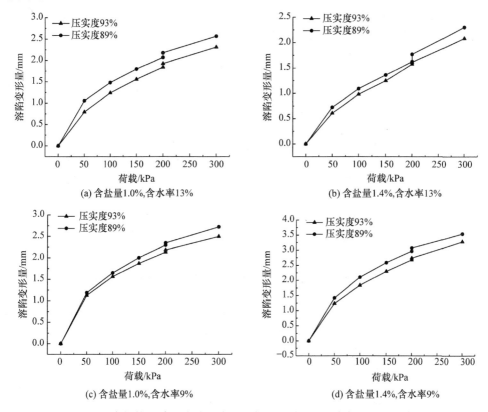

(a) 含盐量1.0%,含水率13%　　　　　　　(b) 含盐量1.4%,含水率13%

(c) 含盐量1.0%,含水率9%　　　　　　　(d) 含盐量1.4%,含水率9%

图 5.32　含细粒土砂亚硫酸盐渍土压实度不同时的溶陷变形量对比曲线

根据图 5.32 溶陷变形量试验结果，按溶陷系数公式(5.36)换算，图 5.32(a)压实度为 93%、89%试样的溶陷系数分别为 0.123%、0.155%；图 5.32(b)中，压实度为 93%、89%试样的溶陷系数分别为 0.125%、0.207%；图 5.32(c)中，压实度为 93%、89%试样的溶陷系数分别为 0.072%、0.073%；图 5.32(d)中，压实度为 93%、89%试样的溶陷系数分别为 0.088%、0.152%。当含盐量和含水率相同时，压实度为 89%的试样所产生的总变形量大于压实度为 93%的试样，压实度越大的盐渍土试样所产生的溶陷变形量越小。

5.3.4　细粒土质砂硫酸盐渍土溶陷变形特性

压实度为 93%，考虑不同含盐量细粒土质砂硫酸盐渍土的溶陷系数随含水率变化的关系，绘制曲线如图 5.33 所示。

从图 5.33 可以看出，当细粒土质砂硫酸盐渍土的含盐量一定且压实度为 93%时，随着土体中初始含水率的增加，盐渍土的溶陷系数逐渐减小，且含盐量高的盐渍土试样所产生的溶陷变形量较大。

当含水率为最优含水率 8.4%，压实度为 93%时，细粒土质砂硫酸盐渍土的含盐量与溶陷系数的关系曲线如图 5.34 所示。

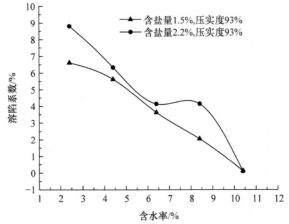

图 5.33　细粒土质砂硫酸盐渍土溶陷系数与含水率的关系曲线

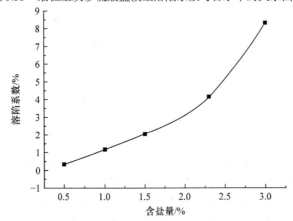

图 5.34　细粒土质砂硫酸盐渍土溶陷系数与含盐量的关系曲线

从图 5.34 可知，当细粒土质砂硫酸盐渍土处于最优含水率 8.4%，压实度为 93%时，盐渍土的溶陷系数随着含盐量的增加而增大。当含盐量在 0.5%~2.0%时，溶陷系数增长速率较慢，当含盐量大于 2.0%时，盐渍土的溶陷系数以较大速率增长。

当含盐量和含水率相同时，压实度对照曲线如图 5.35 所示。根据图 5.35 溶陷变形量结果，按溶陷系数公式(5.36)换算，图 5.35(a)压实度为 93%、89%试样的溶陷系数分别为 3.629%、6.982%；图 5.35(b)中，压实度为 93%、89%试样的溶陷系数分别为 0.125%、1.086%；图 5.35(c)中，压实度为 93%、89%试样的溶陷系数分别为 2.711%、5.323%；图 5.35(d)中，压实度为 93%、89%试样的溶陷系数分别为 0.105%、1.359%。当含盐量和含水率相同时，压实度为 89%的试样所产生的总变形量大于压实度为 93%的试样，且当 200kPa 稳定加载后，随着不断的渗水，压实度为 89%的试样所产生的溶陷变形量明显大于压实度为 93%的试样。压实度越大的盐渍土试样所产生的溶陷变形量越小。

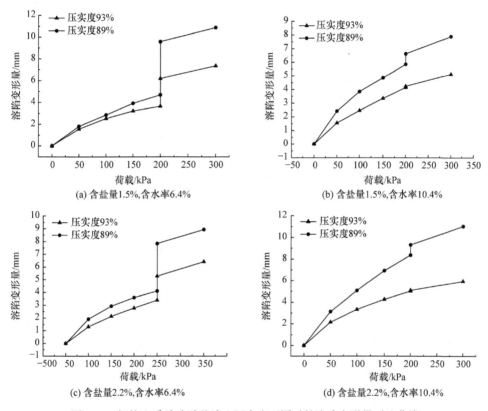

图 5.35　细粒土质砂硫酸盐渍土压实度不同时的溶陷变形量对比曲线

5.3.5　细粒土质砂亚硫酸盐渍土溶陷变形特性

压实度为 93%时，考虑不同含盐量细粒土质砂亚硫酸盐渍土的溶陷系数随含水率变化的关系，如图 5.36 所示。

从图 5.36 中可知，细粒土质砂亚硫酸盐渍土的溶陷系数随着含水率的增加呈现逐渐递减的趋势，且在最优含水率 8.4%附近溶陷系数的变化幅度较小。当含水率和压实度相同时，含盐量高的试样溶陷系数较含盐量低的试样大。

当含水率为最优含水率 8.4%，压实度为 93%时，细粒土质砂亚硫酸盐渍土的含盐量与溶陷系数的关系曲线如图 5.37 所示。

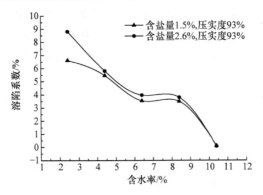

图 5.36 细粒土质砂亚硫酸盐渍土溶陷系数与含水率的关系曲线

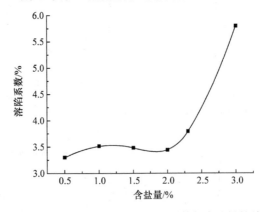

图 5.37 细粒土质砂亚硫酸盐渍土溶陷系数与含盐量的关系曲线

从图 5.37 可以看出，处于最优含水率状态下的细粒土质砂亚硫酸盐渍土的溶陷系数随着含盐量的增加先缓慢增加，当含盐量超过 2.0%后，溶陷系数以较快速率增长。

当含盐量和含水率相同时，压实度对照曲线如图 5.38 所示。

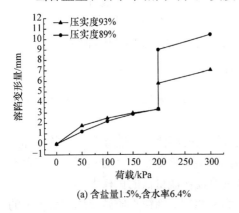

(a) 含盐量1.5%,含水率6.4%

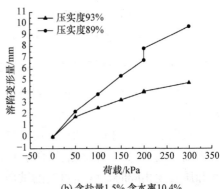

(b) 含盐量1.5%,含水率10.4%

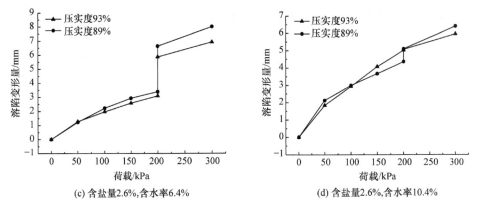

(c) 含盐量2.6%,含水率6.4%　　　　　(d) 含盐量2.6%,含水率10.4%

图 5.38　细粒土质砂亚硫酸盐渍土压实度不同时的溶陷变形量对比曲线

根据图 5.38 溶陷变形量试验结果，按溶蚀系数公式(5.36)换算，图 5.38(a)压实度为 93%、89%试样的溶陷系数分别为 3.536%、8.066%；图 5.38(b)中，压实度为 93%、89%试样的溶陷系数分别为 0.104%、1.482%；图 5.38(c)中，压实度为 93%、89%试样的溶陷系数分别为 3.970%、4.643%；图 5.38(d)中，压实度为 93%、89%试样的溶陷系数分别为 0.064%、1.055%。当含盐量和含水率相同时，压实度为 89%的试样所产生的总变形量大于压实度为 93%的试样，且当 200kPa 稳定加载后，随着不断的渗水，压实度为 89%的试样所产生的溶陷变形量明显大于压实度为 93%的试样。压实度越大的盐渍土试样所产生的溶陷变形量越小。

5.3.6 细粒土质砾硫酸盐渍土溶陷变形特性

压实度为 93%，考虑不同含盐量细粒土质砾硫酸盐渍土的溶陷系数随含水率变化的关系，如图 5.39 所示。

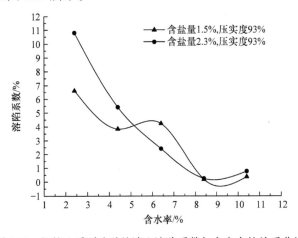

图 5.39　细粒土质砾硫酸盐渍土溶陷系数与含水率的关系曲线

从图 5.39 可以看出，当细粒土质砾硫酸盐渍土的含盐量一定且压实度为 93% 时，随着土体中初始含水率的增加，盐渍土的溶陷系数总体上呈现逐渐减小的趋势。

当含水率为最优含水率 6.4%，压实度为 93% 时，细粒土质砾硫酸盐渍土的含盐量与溶陷系数的关系曲线如图 5.40 所示。

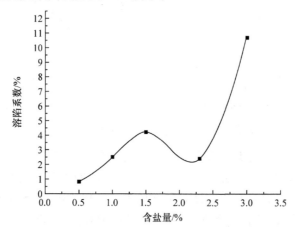

图 5.40　细粒土质砾硫酸盐渍土溶陷系数与含盐量的关系曲线

从图 5.40 可知，当细粒土质砾硫酸盐渍土处于最优含水率 6.4%，压实度为 93% 时，随着含盐量的增加，盐渍土的溶陷系数出现先增大后减小再增大的变化趋势。当含盐量在 0.5%~1.5% 时，溶陷系数增加较慢，当含盐量大于 2.3% 时，盐渍土的溶陷系数以较大速率增长。与含细粒土砂、细粒土质砂盐渍土相比，处于最优含水率和压实度 93% 的细粒土质砾盐渍土的溶陷系数随含盐量变化的曲线中在含盐量为 1.5%~2.3% 时出现了明显的下降，这是由土体中不同粒径的颗粒尺寸效应所引起的。

当含盐量和含水率相同时，根据试验数据结果绘制的压实度对照曲线如图 5.41 所示。

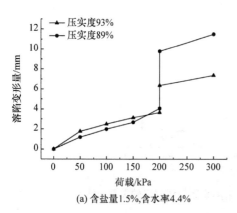

(a) 含盐量1.5%,含水率4.4%

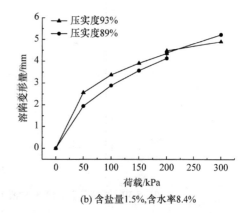

(b) 含盐量1.5%,含水率8.4%

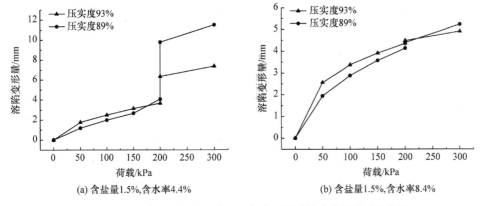

(a) 含盐量1.5%,含水率4.4%　　　　　　　(b) 含盐量1.5%,含水率8.4%

图 5.41　细粒土质砾硫酸盐渍土压实度不同时的溶陷变形对比曲线

根据图 5.41 溶陷变形量试验结果,按溶陷系数公式(5.36)换算,图 5.41(a)压实度为 93%、89%试样的溶陷系数分别为 3.841%、8.163%;图 5.41(b)中,压实度为 93%、89%试样的溶陷系数分别为 0.179%、0.370%;图 5.41(c)中,压实度为 93%、89%试样的溶陷系数分别为 5.411%、12.975%;图 5.41(d)中,压实度为 93%、89%试样的溶陷系数分别为 0.241%、2.025%。当含盐量和含水率相同时,压实度为 89%的试样所产生的总变形量大于压实度为 93%的试样,且当 200kPa 稳定加载后,随着不断的渗水,压实度为 89%的试样所产生的溶陷变形量明显大于压实度为 93%的试样。压实度越大的盐渍土试样所产生的溶陷变形量越小。

5.3.7　细粒土质砾亚硫酸盐渍土溶陷变形特性

压实度为 93%,考虑不同含盐量细粒土质砾亚硫酸盐渍土的溶陷系数随含水率变化的关系,如图 5.42 所示。

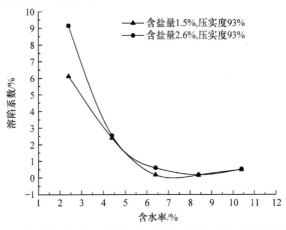

图 5.42　细粒土质砾亚硫酸盐渍土溶陷系数与含水率的关系曲线

从图 5.42 可以看出，当细粒土质砾亚硫酸盐渍土的含盐量一定且压实度为93%时，随着土体中初始含水率的增加，盐渍土的溶陷系数总体上呈现逐渐减小的趋势。

当含水率为最优含水率 6.4%，压实度为 93%时，细粒土质砾亚硫酸盐渍土的含盐量与溶陷系数的关系曲线如图 5.43 所示。

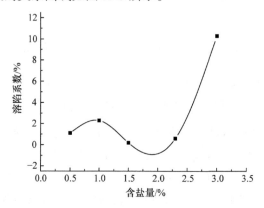

图 5.43　细粒土质砾亚硫酸盐渍土溶陷系数与含盐量的关系曲线

从图 5.43 可知，当细粒土质砾亚硫酸盐渍土处于最优含水率 6.4%，压实度为 93%时，随着含盐量的增加，盐渍土的溶陷系数出现先增大后减小再增大的变化趋势。当含盐量在 0.5%～1.0%时，溶陷系数增加较慢，当含盐量大于 2.0%时，盐渍土的溶陷系数以较大速率增长。

当含盐量和含水率相同时，压实度对照曲线如图 5.44 所示。

根据图 5.44 溶陷变形量试验结果，按溶陷系数公式(5.36)换算，图 5.44(a)压实度为 93%、89%试样的溶陷系数分别为 2.396%、7.996%；图 5.44(b)中，压实度为 93%、89%试样的溶陷系数分别为 0.161%、1.769%；图 5.44(c)中，压实度为 93%、

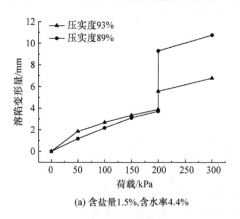

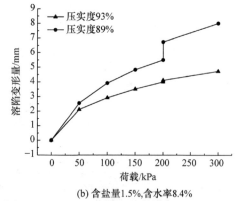

(a) 含盐量1.5%,含水率4.4%　　　　　　　(b) 含盐量1.5%,含水率8.4%

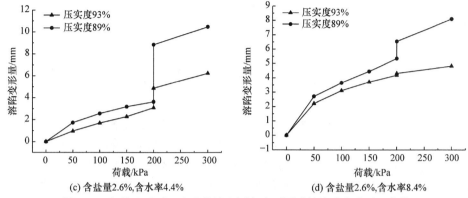

(c) 含盐量2.6%,含水率4.4%　　　　　　　　(d) 含盐量2.6%,含水率8.4%

图 5.44　细粒土质砾亚硫酸盐渍土压实度不同时的溶陷变形对比曲线

89%试样的溶陷系数分别为 2.541%、7.452%；图 5.44(d)中，压实度为 93%、89%试样的溶陷系数分别为 0.179%、1.704%。当含盐量和含水率相同时，压实度为 89%的试样所产生的总变形量大于压实度为 93%的试样，且当200kPa 稳定加载后，随着不断的渗水，压实度为 89%的试样所产生的溶陷变形量明显大于压实度为 93%的。压实度越大的盐渍土试样所产生的溶陷变形量越小。

5.4　本　章　小　结

通过对细粒盐渍土溶陷试验得出，细粒氯盐渍土、硫酸盐渍土在一定压力作用下，溶陷系数随着含水率的增大而减小，随着含盐量的增加而增加，溶陷起始压力随着初始含水率的增大而增大。

天然盐渍土在相同离心力下，盐渍土溶陷系数均随含盐量的增大先增加后减小，溶陷系数峰值处 Cl^- 含量在 5%～6%；在相同含盐量下，溶陷系数随离心力的增大而增大。离心力小于 5kPa 时曲线斜率较大，溶陷系数增加较快；离心力大于5kPa 时，曲线斜率较小，溶陷系数增加缓慢，试样最大溶陷系数为 1.4%；离心力小于 5kPa 时，10℃和 20℃的溶陷系数基本相同；离心力大于 5kPa 时 10℃时的溶陷系数略小于 20℃时的溶陷系数。

粗粒盐渍土大型室内溶陷试验研究表明，含细粒土砂、细粒土质砂、细粒土质砾，当其他条件相同时，压实度较大的试样所产生的溶陷变形量较小。一定压实度条件下，含细粒土砂试样的溶陷系数小于 1%，且最大为 0.15%；细粒土质砂和细粒土质砾盐渍土的溶陷系数均大于 1%。当含盐量和压实度一定时，含细粒土砂硫酸盐及亚硫酸盐渍土的溶陷系数随着含水率的增加呈现先减小后增大的趋势；细粒土质砂硫酸盐及亚硫酸盐渍土随着土体中初始含水率的增加，盐渍土的溶陷系数逐渐减小，且含盐量高的盐渍土试样所产生的溶陷变形量较大；细粒土质砾盐渍土的溶陷系数随着初始含水率的增加总体上呈现逐渐减小的趋势。

第6章 盐渍土公路工程分类与路用性能

从国内外有关盐渍土分类的研究中可以看出，国外主要根据盐渍土的基本物理性质和含盐特征进行分类，这种分类方法侧重于对盐渍土的物质组成和含盐特征进行分类和描述，能够较为直观地反映盐渍土地区盐渍土形成规律、分布特征及地貌等因素。在盐渍土地区地质勘察中应用此分类系统可以很方便地进行盐渍土的现场描述、分类及盐渍土工程地质图的编绘，能够对工程建筑物的选址、地基基础设计、工程地质问题的处理等提供较为翔实的资料。我国有关盐渍土公路工程分类的研究工作主要是针对盐渍土地区公路建设中遇到的盐胀和溶陷病害问题开展的，所采用的分类方法主要是根据盐渍土的盐胀和溶陷性进行分级，这种分类方法可以直接给出路基设计所需要的参数，在一定程度上抓住了盐渍土工程地质问题中的主要矛盾，即盐胀和溶陷，对盐渍土地区公路工程地质勘察及设计具有重要的指导意义。

影响盐渍土盐胀和溶陷性的因素是多方面的，如盐渍土的土类、含盐量、含水率、温度、上覆荷载等。考虑盐渍土的不同盐胀程度和溶陷性质对公路工程的影响，细分盐渍土为胀缩性强、中、弱等类型，是针对盐渍土的盐胀与溶陷性质而言的，这是符合实际工程情况的。但以含盐量作为单一的标准来划分盐渍土的等级是不合理的，无法反映它对公路工程的影响。

近年来，通过盐渍土地区工程地质专题研究及公路整治工程实践发现，单纯的沿用曾经针对工业与民用建筑地基基础设计而制订的盐渍土类型划分(主要考虑盐渍土的易溶盐含量)来进行盐渍土地区路基设计，对于大面积、长距离的公路工程存在着许多不足之处。对房建工程而言，其地基范围有限，与公路工程相比可视为点工程，地基内盐渍土的工程性质变化不大，因此，在对其进行工程地质评价时可着重考虑地基中盐的含量及分布特征。而对公路工程而言，因为是线形构筑物，需跨越不同的地质和地貌单元，盐渍土的工程性质差异很大。因而，在对其进行盐渍土工程地质条件评价时不仅要考虑盐渍土的含盐量，还应综合考虑影响盐渍土工程性质的其他因素，特别是盐渍土的土类、含水率及温度状况。因此，公路工程的盐渍土分类必须将土类、含盐量、含水率、温度等结合起来考虑。在盐渍土工程地质条件评价中除了要考虑盐渍土的易溶盐含量特征外，还必须结合盐渍土的土类、含水率及温度变化状况，这样才能做到本质和现象的统一，使公路工程的盐渍土分类更加合理、更趋完善。

6.1　盐渍土易溶盐含量试验方法

6.1.1　盐渍土易溶盐含量试验方法评价

　　土的易溶盐含量是区分盐渍土与非盐渍土的主要物理指标,是评价盐渍化程度的依据。现行《公路土工试验规程》(JTG E40—2007)对易溶盐测定有较成熟的试验方法。易溶盐试样制备是通过 1mm 筛孔以下的土来进行测试分析的。采用土水比为 1∶5,浸提时间 3min 制待测液。过滤后的浸出液,采用质量法测定易溶盐总量,硫酸滴定法测定 CO_3^{2-} 及 HCO_3^-,硝酸银滴定法测定 Cl^-。在测定 SO_4^{2-} 时,用 EDTA 间接配位滴定法滴定 SO_4^{2-},土的易溶盐含量以质量分数表示。

　　根据盐渍土地区公路工程多年来的实践经验,这种方法对细粒盐渍土是适用的,但对粗粒土特别是砾类土的易溶盐测定并不适用。通过对新疆地区的 312 国道(G312 线)、314 国道(G314 线)和吐鲁番-乌鲁木齐-大黄山等高等级公路砂砾土料场的调查分析表明,料场主要为砾类土,砂类土次之,含细粒土砾和含细粒土砂较少。砾类土平均粒径为 5.49mm,1mm 筛孔的通过率平均为 26.75%;砂类土平均粒径为 0.685mm,1mm 筛孔的通过率平均为 64.75%。由此可见,对粗粒土全部采用 1mm 筛孔以下的土作为测试含盐量的标准是不合理的。现行易溶盐测定方法中,未充分考虑粗粒土的不同颗粒组成差异对易溶盐含量测试的影响。

　　粗粒土在山前洪积、冲积平原分布很广,是良好的筑路材料,在公路工程中已广泛应用。受地质及气候的共同作用,在冲积扇中下游及沙漠边缘地带的砂砾材料中含有不同程度的盐分,如何测试砂砾土的含盐量,如何评价砂砾土中含盐量的允许界限,在现行的土工试验中都未得到合理的解决。高等级公路在盐渍土地区的迅猛发展对粗粒盐渍土的试验方法及分类评判标准等提出新的要求。

　　现行易溶盐化学试验方法是工程界的经典方法,在测试易溶盐成分方面精确度较高,操作较方便,因此,粗粒土易溶盐测试方法研究的重点应在粗粒土试样制备的合理粒径上。通过提出合理的易溶盐试样制备粒径,从而真实地反映粗粒土含盐状况,在确保工程质量的前提下充分合理地利用粗粒土。

6.1.2　盐渍土地区粗粒土颗粒组成特征

　　1. 典型区域粗粒土颗粒组成概况

　　粗粒土分为砾类土和砂类土,按其中含细粒土含量的多少又可分为砾(GW、GP)和砂(SW、SP)、含细粒土砾(GF)和含细粒土砂(SF)、细粒土质砾(GM、GC)和细粒土质砂(SM、SC)。通过对新疆地区 G312 线、G314 线和吐鲁番-乌鲁木齐-

大黄山等高等级公路 11 个路段的砂砾土料场调查,收集了 436 份砂砾土颗粒分析试验成果资料,见表 6.1。

表 6.1 南疆、北疆粗粒土分类统计表

序号	路线名称	砾类土					砂类土				
		小计	GW	GP	GF	GM、GC	小计	SW	SP	SF	SM、SC
1	G312 线骆驼圈子至三道岭	35	17	12	6		10		6	4	
2	G312 线梯子泉至鄯善	53	31	22			1		1		
3	吐鲁番-乌鲁木齐-大黄山高等级公路	34	6	16	12						
4	G217 线克拉玛依至独山子	9	6	3			19		4	5	10
5	G314 线群巴克至库车	26	6	13	7						
6	G314 线库车至阿克苏	14	1	13			4	1	3		
7	G314 线库车至阿克苏	65	29	35	1		43	10	23	10	
8	G314 线阿克苏过境路(一段)	3		3			17		5	6	6
9	G314 线阿克苏过境路(南线)	22	11	10	1		25		4	9	12
10	G314 线阿图什过境路	39	11	28			1	1			
11	中巴公路(K0-K23+800)	16	4	12							
	合计	316	122	167	27	0	120	12	46	34	28

从表 6.1 可以看出,新疆天山南北山前的洪积、冲积扇上砂砾土料场以砾的含量居多,砂次之,含细粒土砾和含细粒土砂相对较少。其中东疆 G312 线梯子泉以东的地区以砾为多,砂次之,以西地区主要为砾,砂类土很少。吐鲁番-乌鲁木齐-大黄山高等级公路均为砾类土。北疆 G217 线克拉玛依至独山子段以砂居多,砾类土次之。南疆 G314 线群巴克以南路段以砾为多,砂次之。南疆 G314 线阿图什过境路及以西路段基本为砾。

2. 天然粗粒盐渍土颗粒组成特性

在新疆所调查的 11 个路段 436 个样本中,选取 365 个样本筛分资料进行归纳分析,得出了粗粒土颗粒组成分布(表 6.2)及相应的颗粒组成范围分布(表 6.3),粗粒土粒径分配曲线如图 6.1 所示。

表 6.2　粗粒土颗粒组成分布

土类名称		通过不同筛孔的颗粒质量分数/%										C_u	C_c
		60mm	40mm	20mm	10mm	5mm	2mm	1mm	0.5 mm	0.25 mm	0.074 mm		
砾类土	级配良好砾	97.2	88.6	73.4	54.3	41.8	25.8	19.4	12	6.2	1.6	30.75	1.31
	级配不良砾	96.0	90.6	77	65.8	52.3	35.6	29.5	17.1	8.8	1.5	26.50	0.54
	含细粒土砾	98.6	93.7	83.3	71.1	59	38.6	31.6	24.7	17.4	10.1		
砂类土	级配良好砂	98.1	95.5	90.6	85.3	78.1	66.6	47	26.7	18	2.3	12.15	1.53
	级配不良砂	100	97.2	91.9	85.5	76	65	54.6	37.9	15.5	1.8	9.53	0.45
	含细粒土砂	100	99	97	94	89	84	81	74	52	10		
	细粒土质砂					100	98.9	96.1	92.2	76.8	28.3		

注：C_u 为不均匀系数，C_c 为曲率系数。

表 6.3　粗粒土颗粒组成范围分布

土类名称		颗粒质量分数/%		
		砾	砂	粉、黏粒
		60~2mm	2~0.074mm	<0.074mm
砾类土	级配良好砾	71.4	24.2	1.6
	级配不良砾	60.4	34.1	1.5
	含细粒土砾	60	28.5	10.1
砂类土	级配良好砂	31.5	64.3	2.3
	级配不良砂	35	63.2	1.8
	含细粒土砂	16	74	10
	细粒土质砂	1.1	70.6	28.3

从表 6.2 和表 6.3 可以看出，砾类土中，砾粒的平均质量占总质量的 65.9%，砂粒的含量为 29.2%，粉粒、黏粒的含量很少；含细粒土砾中，砂粒的平均质量占总质量为 28.5%，粉粒、黏粒的含量为 10.1%；砂类土中，砂粒的平均质量占总质量的 63.8%，粉粒、黏粒的含量为 2.1%；含细粒土砂中，砂粒的平均质量占总质量的 74%，粉粒、黏粒的含量为 10%；细粒土砂中，砂粒的平均质量占总质量的 70.6%，但粉粒、黏粒含量多，平均为 28.3%。

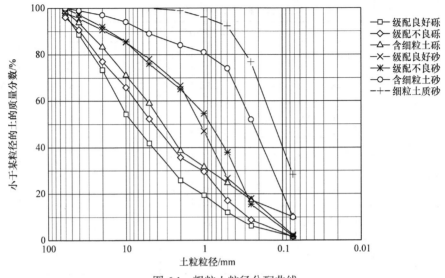

图 6.1 粗粒土粒径分配曲线

3. 粗粒盐渍土颗粒组成范围代表值分析

通过对新疆代表性路段的 365 个样本筛分资料分类可知，即使是同一类土其颗粒组成也相差很大。为了便于对粗粒土的物理性质及含盐特性进行定量分析，在对粗粒土定名的基础上，通过图示法和归纳统计确定粗粒土颗粒组成范围的粗、中、细代表值。砾类土颗粒组成范围代表值见表 6.4，砂类土颗粒组成范围代表值见表 6.5，砾类土颗粒组成范围代表值粒径分配曲线如图 6.2 所示，砂类土颗粒组成范围代表值粒径分配曲线如图 6.3 所示。

从表 6.4 和表 6.5 可以看出，砂砾土颗粒组成的粗、中、细代表值代表了各粗粒土颗粒的组成基本范围，中值组成范围间隔位置较均匀。中值颗粒组成范围与各料场土类的平均分布基本吻合。其中，砾类土的不良级配代表值组粒径偏粗，含细粒土砂代表值曲线较料场平均分布偏细。各代表值粒径分布较均匀，表现为各土类同一粒径尺寸通过率的差值较均匀。

表 6.4 砾类土颗粒组成范围代表值

土类名称		通过不同筛孔的颗粒质量分数/%										C_u	C_c
		60 mm	40 mm	20 mm	10 mm	5 mm	2 mm	1 mm	0.5 mm	0.25 mm	0.074 mm		
级配良好砾	细值	100	100	96	80	65	45	32	22	15	4.9	28.4	1.4
	中值	94	88	73	53	40	26	19	12	6.5	1.6	32.7	1.4
	粗值	88	76	57	39	26	17	13	8	4.9	0	33.8	2.6
级配不良砾	细值	100	100	100	89	69	48	42	34	25	4	33.8	0.4

土类名称		通过不同筛孔的颗粒质量分数/%										C_u	C_c
		60 mm	40 mm	20 mm	10 mm	5 mm	2 mm	1 mm	0.5 mm	0.25 mm	0.074 mm		
级配不良砾	中值	93	86	72	57	46	33	24	16	8.5	1.4	39.6	0.8
	粗值	86	68	51	41	32	20	12	8	5	0	40.7	0.9
含细粒土砾	细值	100	100	98	86	72	50	40	30	23	14		
	中值	97	93	84	72	59	41	32	23	18	10		
	粗值	86	75	60	45	35	25	19	15	12	7		
细粒土质砾	细值	100	100	98	88	74	50	40	33	27	20		
	中值	98	95	87	76	64	45	35	29	24	17		
	粗值	95	90	79	66	55	40	32	25	20	15		

表 6.5　砂类土颗粒组成范围代表值

土类名称		通过不同筛孔的颗粒质量分数/%										C_u	C_c
		60mm	40mm	20mm	10mm	5mm	2mm	1mm	0.5mm	0.25mm	0.074mm		
级配良好砂	细值	100	100	95.5	91	87	78	56	34	23	3.9	12.1	1.5
	中值	98.1	95.5	90.6	85	78	67	47	27	18	2.3	10.3	1.2
	粗值	88	88	83	78	68	54	36	16.5	11	1.6	13.5	1.0
级配不良砂	细值	100	99	98	96	94	91	80	61	28	4.9	12.2	0.7
	中值	100	97	91	84	76	65	54	39	20.5	2.5	4.9	1.4
	粗值	100	86	77	69	60	51	33	15	7	0.5	15.6	0.5
含细粒土砂	细值	100	100	100	100	100	100	98	95	80	13		
	中值	100	100	100	99	97	94	90	85	67	9		
	粗值	100	100	100	98	94	90	84	75	52	6		
细粒土质砂	细值	100	100	100	100	100	100	99	95	86	39		
	中值	100	100	100	100	100	97	94	89	75	52		
	粗值	100	100	100	100	100	95	90	84	65	18		

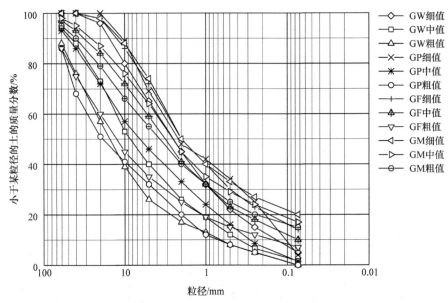

图 6.2 砾类土颗粒组成范围代表值粒径分配曲线

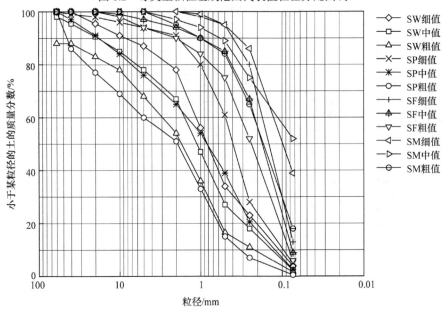

图 6.3 砂类土颗粒组成范围代表值粒径分配曲线

6.1.3 公路工程粗粒土易溶盐含量试验方法

1. 试样制备粒径的选择

通过粗粒盐渍土颗粒组成范围代表值的分析可知，砾类土 1mm 筛孔的平均通过率为 26.75%，砂类土 1mm 筛孔的平均通过率为 64.75%，显然砾类土的主要颗粒粒径为砾粒和砂粒，故粗粒盐渍土易溶盐试样制备粒径全部为 1mm 是不合理的。

通过对粗粒盐渍土颗粒组成范围代表值分析表明，砾类土的平均粒径为 5.49mm，砂类土的平均粒径为 0.685mm。砾类土与砂类土在 5mm 和 1mm 筛孔的通过率比较，见表 6.6。

表 6.6　粗粒土 5mm 和 1mm 筛孔通过率对比表

项目	砾类土				砂类土			
	GW	GP	GF	GM	SW	SP	SF	SM
5mm 筛孔通过率/%	40	46	59	64	78	76	83	100
1mm 筛孔通过率/%	19	24	32	32	47	54	63	95

由表 6.6 可知，砾类土通过 5mm 筛孔的试样相对于 1mm 筛孔试样有较好的代表性，砂类土通过 1mm 筛孔的试样量有较好的代表性，也有足够的安全度。考虑粗粒土易溶盐溶液搅拌及滤液提取，若选取粒径范围过大，虽然试样会有更好的代表性，但粗粒土易溶盐溶液的搅拌及滤液提取存在困难，影响易溶盐测试的准确性。因此，砾类盐渍土易溶盐试样制备粒径选择为 5mm 具有较好代表性，砂类盐渍土易溶盐试样制备粒径选择为 1mm 具有较好代表性。

为了从易溶盐含量试验角度验证粗粒盐渍土易溶盐试样制备粒径的合理性，选用南疆和北疆代表性路段的盐渍土进行颗粒级配与含盐量关系的试验研究。将同一料场的砂砾土筛分为 60mm、10mm、5mm、2mm、1mm 五种粒径级配范围，分别进行颗粒级配与总含盐量关系试验研究。针对不同类型的粗粒土及粒径级配范围，试验采用 3～8 组试验数值取平均值，以保证试验结果的准确性。粗粒土中不同粒径级配范围总含盐量的平均值见表 6.7，粒径级配范围与总含盐量关系曲线如图 6.4 所示。

表 6.7　粗粒土中不同粒径级配范围总含盐量平均值

土类名称	通过不同筛孔粗粒土的总含盐量/%				
	60mm	10mm	5mm	2mm	1mm
级配不良砾	0.823	1.178	1.406	1.808	2.071
含细粒土砾	2.319	3.133	3.557	4.614	4.863
粉土质砾	0.706		1.201		1.448
级配不良砂	0.492		1.162	1.482	1.532
含细粒土砂	2.484	2.728	2.761	3.157	3.452
粉土质砂	0.983	1.025	1.063	1.137	1.23

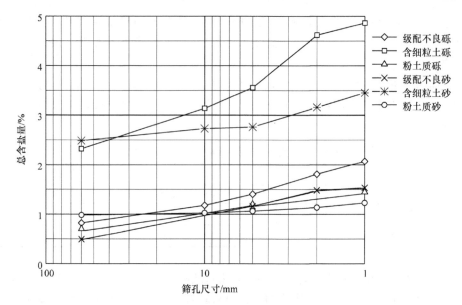

图 6.4　粒径级配范围与总含盐量关系曲线

从图 6.4 可以看出，粗粒土的总含盐量随试样粒径范围的不同而变化，粒径范围越小，测定值越大，土的实际总含盐量越大，变化越突出。砾类土 1mm 粒径范围的含盐量大于其他粒径范围的含盐量，平均大于 25%～55%。砾类土 5mm 粒径范围的测定值变化最明显，基本为砾类土各不同粒径级配范围总含盐量变化曲线的拐点，同时，5mm 粒径范围的含盐量最接近各粒径范围的平均含盐量。砂类土 1mm 粒径范围的含盐量大于其他粒径范围的含盐量，但变化幅度不大，具有代表性。

综上所述，选用 5mm 筛孔作为砾类盐渍土易溶盐测定试样制备粒径，1mm 筛孔作为砂类盐渍土易溶盐测定试样制备粒径，具有较好的代表性和试验易操作性。

2. 粗粒土易溶盐测定试样质量与土水比的确定

1) 试样质量确定

为研究试样质量对粗粒土总含盐量的影响，通过对同一砂砾土样分别采500g、400g、300g、200g、100g 5 种不同质量进行易溶盐试验，分析试样质量对粗粒盐渍土易溶盐总量的影响，试验结果见表 6.8。

从表 6.8 可以看出，在小于 5mm 筛孔条件下，试验样品质量对总含盐量的影响没有较明显的规律，但用 300g 试样测得的总含盐量多数是峰值，并与 100g 试样测得的总含盐量平均相差 14%。因此，用通过 5mm 筛孔和 1mm 筛孔的烘干土作为粗粒土易溶盐试验样品时，其试样质量采用 300g 更具代表性。

表 6.8　不同质量试样总含盐量表

试验质量/g	小于 5mm 筛孔试样总含盐量/%							
	SM 试样 1	SM 试样 2	SF 试样 1	SF 试样 2	GF 试样 1	GF 试样 2	GP 试样 1	GP 试样 2
500	0.3193	1.9273	0.7293	2.1548	2.5723	0.927		4.5905
400		1.8180	0.8785	2.3108	2.6433	0.9195		4.4410
300	0.4090	2.0915	0.8535	2.6730	2.3570	1.0065	0.1720	4.2195
200	0.2605	1.5295	0.657	2.1075	2.5155	0.7175	0.1700	4.3940
100	0.3135	1.5865	0.6655	2.3030	2.2700	0.7985	0.2030	4.6045
平均值	0.3255	1.7905	0.7567	2.3098	2.4716	0.8738	0.1816	4.4499
均方差	0.0615	0.2344	0.1039	0.2218	0.1543	0.1147	0.0185	0.1580

2) 土水比确定

试样浸出液土水比对总含盐量有较大的影响, 对通过 5mm 筛孔的 300g 烘干土样进行不同土水比易溶盐试验, 试验结果见表 6.9。

表 6.9　不同土水比试样总含盐量表

土类	试样质量/g	土水比	总含盐量/%
级配不良砾	300	1 : 2.5	4.4410
	300	1 : 5	4.2195
含细粒土砾	300	1 : 2.5	0.9195
	300	1 : 5	1.0065
粉黏土质砂	300	1 : 2.5	2.0915
	300	1 : 5	1.8180

从表 6.9 分析可知, 即使是同一类土, 采用不同土水比易溶盐含量也存在差异。为保证粗粒盐渍土易溶盐的充分溶解性及试验可操作性, 同时保持与细粒盐渍土易溶盐试验检测方法的一致性, 粗粒土试样土水比仍采用 1 : 5 的比例。

3) 粗粒盐渍土易溶盐试验方法的提出

通过对粗粒土易溶盐测定试样制备粒径分析, 以及粗粒土易溶盐测定试样质量与土水比的论证得出, 砾类土易溶盐试验采用通过 5mm 筛孔的烘干土样 300g, 土水比为 1 : 5, 浸提时间 3min 制待测液; 砂类土易溶盐试验采用通过 1mm 筛孔的烘干土样 300g, 土水比为 1 : 5, 浸提时间 3min 制待测液。过滤后的浸出液按《公路土工试验规程》(JTG E40—2007)进行易溶盐含量测定。

6.1.4　粗粒土易溶盐含量试验方法验证

1. 基于盐胀评价的易溶盐试验方法验证

通过对粗粒硫酸盐渍土进行盐胀试验，分析不同筛孔试验方法对应的盐胀分级，验证粗粒土易溶盐试验方法的合理性。试验结果对比见表 6.10。

表 6.10　不同易溶盐含量试验方法结果对比表

试验方案	第一部分			第二部分			第三部分		
	季节交替冻融循环试验			昼夜交替冻融循环试验			单次降温试验		
盐胀率/%	0.07			0.29			0.31		
土样	过 1mm 筛	过 5mm 筛	全土	过 1mm 筛	过 5mm 筛	全土	过 1mm 筛	过 5mm 筛	全土
易溶盐总量/%	2.85	2.07	1.52	2.85	2.07	1.52	2.85	2.07	1.52

从表 6.10 试验结果可知，根据《公路路基设计规范》(JTG D30—2015)中的规定，采用过 1mm 筛的土样制备易溶盐待测液，则该亚硫酸盐渍土可判定为强盐渍土；采用全土试样制备易溶盐待测液，该盐渍土可判定为中盐渍土。然而，在冻融循环试验过程中，该盐渍土的盐胀率较小。采用过 1mm 筛的土样制备待测液所测易溶盐含量比实际土样明显偏大，不符合粗颗粒盐渍土的实际情况。通过验证，砾类土易溶盐试验采用通过 5mm 筛孔的烘干土样 300g，土水比为 1∶5的试验方法符合工程实际。

2. 基于重配土的易溶盐试验方法验证

通过对人工随机配制的粗粒盐渍土展开室内易溶盐试验，验证粗粒盐渍土的易溶盐测试方法的合理性。粗粒盐渍土是人工配制，含盐量可以准确计算，见表 6.11。

表 6.11　原盐渍土试样实际含盐量

易溶盐总量/%	Cl⁻平均含量/%	SO_4^{2-}平均含量/%
1.1200	0.2441	0.4883

将测试数据及原盐渍土的实际含盐量列表对比，见表 6.12。

表 6.12　测试数据及原盐渍土的实际含盐量对比表

土样	易溶盐总量/%	Cl⁻平均含量/%	SO_4^{2-}平均含量/%
过 1mm 筛孔	1.4835	0.1846	0.4520
过 5mm 筛孔	1.3000	0.1958	0.4670
全土(不过筛)	0.8925	0.1346	0.3961
实际土样	1.1200	0.2441	0.4883

由表 6.12 可知，粗粒盐渍土易溶盐试验待测液制备时，所取土样的粒径大小是非常重要的，合理的过筛粒径可较好地提高试验的精确度。过 1mm 筛孔的土样试验结果明显大于实际土样的含盐量，而过 5mm 筛孔的土样试验结果则较符合实际。采用过 5mm 筛孔的土进行易溶盐试验，能较准确地反映其实际含盐量和工程性质。

6.2　盐渍土公路工程分类影响因子

为进一步归纳内陆盐渍土地区公路工程主要病害类型，深入分析盐渍土地区公路病害产生的原因，合理提出盐渍土公路工程分类原则及判定标准，针对新疆主要的国省干线、兵团及县(乡)公路进行了大规模调查。调查涉及不同盐渍土类型及盐渍化程度的路段长度为四千多公里，在调查中以现场病害现状描述为主，对典型盐渍土路段取样分析，收集气象、水文、地质等方面资料，并选择不同地貌、不同公路等级，以及采取不同技术改造的盐渍土路段进行路面盐胀变形定点观测。

6.2.1　盐渍土工程分类影响因素调查

盐渍土在新疆、青海、宁夏、甘肃及内蒙古中西部广泛分布，本书盐渍土地区公路病害调研以具有典型代表性的新疆盐渍土为重点，对新疆主要国省干线、兵团及县(乡)公路(42 段)进行了调查。其中国道 6 段、省道 21 段、兵团及县(乡)公路 15 段，调研总里程 9858km，涉及不同盐渍土类型、盐渍化程度的盐渍土路段长度 4114km。主要路线有：G314 线和硕-库尔勒-库车-阿克苏段；省道 303 线(S303 线)木垒-巴里坤-白石头段；省道 201 线(S201 线)呼图壁-克拉玛依段；国道 218(G218)线焉耆盆地路段；S310 线岳普湖县段；奎屯市奎屯-车排子公路等。根据调研进度情况，建立了路面盐胀变形定点观测段 16 处。每观测段顺线长度为 30m，在路面纵横向用射钉(钢钉)着漆布设测点，测点间距 1m×1m 方格网(个别段为 0.5m×0.5m 格网)。观测工作用精密水平仪，自 9 月上旬至次年 3～5 月平均每月测量 1 次，记录路面胀量变化数据，路面表现特征及公路环境等。新疆盐渍土地区公路病害路段调研和观测见图 6.5。

通过系统地开展新疆盐渍土地区公路病害调查，得出新疆盆地内的盐渍土呈圈带状分布，由山前冲(洪)积倾斜砾质平原前沿的冲(湖)积细粒土质平原至沙漠边缘，主要分布硫酸盐类盐渍土。盆地中部低洼带以氯盐富集为特征的盐湖及滨湖区氯盐类盐渍土。沙漠地区由于毛细作用弱，水盐迁移影响微弱，基本为弱-非盐渍化地带。

(a) 路面方格网布设　　　　　　　　　　　(b) 路面变形观测

图 6.5　新疆盐渍土地区公路病害路段调研和观测

　　新疆盐渍土地区公路病害严重区主要分布在塔里木盆地北缘、中天山南麓及西昆仑北麓山前冲(洪)积扇前的细粒土质平原带。平原区地势低平，水网密集，地下水位高，经流缓滞，以粉土、黏土为主。气候干旱、炎热少雨、蒸发强烈，使盐类聚表作用显著，盐渍化作用强烈，多呈强-过硫酸盐类盐渍土。公路病害以盐胀变形破坏为主，主要病害形式为路面纵向裂缝、龟(网)裂、不均匀沉降、波状起伏及鼓包、边坡塌陷等。盆地南缘，因地势坡度较大，以砂土类为主，盐渍化程度和公路病害不显著。准噶尔盆地南缘大气降水远大于塔里木盆地，降水的淋滤使土壤盐渍化程度较低，一般呈弱-中等盐渍。由于盆地内冬季较漫长、气温低，公路病害以开春初期冻融翻浆为主要形式。焉耆盆地与之类似。

　　新疆盐渍土地区公路病害较严重段，基本上为公路改建时利用盐渍土老路基段落。例如，G314 线 K581～K592 段，8 月新修复路面，同年 12 月中旬因盐胀和路基边坡附加不均匀沉降，路面中线产生明显纵向裂缝，如图 6.6 所示。10 月中旬裂缝宽度达 5～20mm，长度 5～20m，路中及行车道纵裂均发育，路面产生起伏，平整度差。

(a) G314线K587段2005年8月上旬路面修复情况　　(b) G314线K587段2005年12月中旬路面盐胀病害状况

图 6.6　利用盐渍土老路基段公路病害对比图

6.2.2 盐渍土地区公路病害特征

我国盐渍土地区公路病害主要有盐胀、翻浆、溶陷和腐蚀等类型。国内外研究资料表明，高含盐量地区特别是在高地下水位地区，盐分能降低路面强度、减弱封层作用，从而导致路面破坏。通过对新疆盐渍土地区的S310线、S215线、S218线、G314线等公路病害路段进行大规模的调研和观测，得出新疆盐渍土地区公路的主要病害类型集中表现在路基基底失稳沉降变形，路基中水分、盐分上升聚积产生膨胀鼓裂，以及对构筑物和水泥、钢材等建筑材料的腐蚀。二级、三级公路以盐胀病害最为普遍，高速公路、一级公路则以溶陷沉降较为突出，盐渍土腐蚀性在重盐区的各级公路中均存在。

1. 路面纵向裂缝特征

通过对新疆G314线、S215线、S310线盐渍土病害段落调研分析，路面纵向裂缝主要产生于采用含盐筑路材料进行填筑的路基及利用旧路加宽段落，表现特征为沿左右行车道，距土路肩1.2～1.5m处产生纵向裂缝，如图6.7所示。

(a) S215线K157+600段   (b) G314线K587+060段

图6.7 路面纵向裂缝图

盐渍土地区路面裂缝与地下水位的变化、路基土质及易溶盐含量具有明显的关系。在每年冬季，盐渍土地区路面病害路段地下水位逐渐变浅，路面裂缝伴随着路面波浪、拥包等病害逐渐变宽。次年春天，随着气温的升高，地下水位下降，路面裂缝、波浪、拥包等病害逐渐趋于平缓。通过对盐渍土地区路面裂缝病害段落挖探可知，地下水位在冬季一般在2m左右，夏季在3m左右，路基土基本为粉土类硫酸盐渍土。

2. 路面波状起伏特征

路基土中的盐分、水分随着路面覆盖效应的作用，逐渐向路基顶部迁移，路基顶部土体基本为饱和状态，强度减弱。在冻融及盐胀的作用及行车荷载的作用下，路面波状起伏病害产生，路况逐年变差。路面波状起伏病害在 G314 线库尔勒至库车段公路 K564～K642，S310 线 K36+500～K62，S215 线 K117～K137、K67+750～K69+900，S210 线 K34～K38，奎屯至车排子公路 K5～K23 路段中大量出现。通过 S215 线 K124+480～K124+510 段一个冻融周期的定点观测可看出，路面横断面相对高程随着温度的不断降低逐渐增加，纵断面呈波状起伏。

上述病害路段基本为利用老路盐渍土路基改建段，表现特征为波状起伏、路肩边坡不均匀沉降、路拱变形，如图 6.8 所示。

　　(a) S310线K7+510路面起伏变形　　　　　　　(b) G218线公路纵向起伏变形

图 6.8　路面纵向起伏图

3. 路面网裂特征

新疆具有独特的气候和地质环境条件，昼夜温差变化大，沥青混凝土路面经过冻融交替变化，导致沥青与集料的黏聚力减弱，初步形成沥青路面的脱落。同时，由于蒸发、覆盖效应及冻融循环作用，路面产生不均匀沉降变形，加剧了路面的损坏，使裂缝、龟裂突现，路面破坏，如图 6.9 所示。

　　(a) S310线K45+000路面严重网裂　　　　　　　(b) 多浪-阿拉尔公路网裂

图 6.9　路面网裂图

6.2.3　盐渍土地区公路病害分布规律

1. 盐胀随时间分布特性

通过对盐渍土地区不同路段的盐胀变形观测表明，盐胀变形规律具有很强的时间分布特征。盐胀变形由每年的 11 月下旬发生，12 月产生剧烈的盐胀，并表现为路面中心盐胀量明显大于两侧。次年 1 月中旬后盐胀变形逐渐减小，到 3 月气温迅速上升到 0℃以上，盐胀也开始回缩减弱。路面因盐胀、冻胀产生的纵向张裂缝开始回缩变窄。由 G314 线 K587+000～K587+060 段定点观测可以看出，路面相对高程随着温度的回升，逐渐回缩。到 6 月时回缩至最低或最小点，此时气温一般达到 33.5℃以上。

盐胀产生的相对变形在路面中部附近比路肩两侧的大，主要是受阴阳坡效应影响。虽然边坡两侧的填筑材料相同，但是在不同光照时间作用下，路基内出现温度差，温度的变化速率和变化区间是盐胀产生的前提条件。

2. 盐渍土病害随土质分布特性

根据调研和观测，盐渍土病害主要发生在利用盐渍土老路基改建的公路，路基筑路材料基本为低液性粉土。路基中水盐迁移通道密集，含盐量高。例如，S215 线 K16+200～K20+000、K22+800～K29+500、K67+750～K69+900 段在原路基上加宽，周边天然地基为强-过盐渍土，以低液限粉土为主，存在病害较多。S310 线病害较严重的路段，利用原路基土均为低液限粉土，总含盐量在 3.77%～9.63%，为强-过亚硫酸盐渍土。

3. 盐渍土病害随地下水位变化分布特性

盐渍土地区公路病害段落的地下水位一般在 1～2m。G314 线 K587 附近盐渍土病害路段地下水位为 1.2m 左右，通过几年的运营，经挖探发现路基顶部含水率基本为饱和状态。S215 线、S310 线盐渍土病害段落地下水位基本为 1～2m，路基土为粉土和砂质粉土。

6.2.4　盐渍土地区公路病害成因

1. 盐渍土地区路面纵向裂缝成因

影响盐渍土地区路面产生纵向裂缝的因素很多，根据新疆主要的国省干线、兵团及县(乡)公路的大规模调查结果，可以归纳为以下三个方面。

(1) 新扩建路基与老路基存在差异沉降。老路基存在几十年堆载及车辆动载作用，地基土变形已基本稳定，而新拓宽部分的地基土沉降才开始，施工碾压影响短暂，导致加宽接合部附近产生纵向裂缝。

(2) 路基内盐胀力与围压的共同作用。老路基多为原地含盐较高的盐土堆筑，以自然碾压为主，土基密度不均匀，盐渍化程度更高。公路半幅加宽后改变了老路基围压条件及温度环境，使覆盖加厚侧盐胀力受阻，胀力消散受到制约。从盐渍土地区路面变形观测可知，盐胀过程中，公路中部因降温过程缓于两侧，中部盐胀力积累期长，作用力相对集中。改建公路围压及覆盖效应的改变，影响了中部应力的扩散，路面结构层上覆荷载小，抑制盐胀有限，因此易产生纵向裂缝。

(3) 路基浸水。西部盐渍土地区地基基本为盐渍化低液限粉土，浸水后盐分溶解使土粒间孔隙增大，结构破坏，承载力下降，导致路基向浸水侧产生不均匀沉降变形，使路面产生沉降裂缝。

2. 盐渍土地区路面波状起伏变形成因

路面波状起伏，沥青路面网裂破碎、拥埝、拥包等病害发生的主要原因是利用老路基进行改建时，使用土工布进行了隔断。土工布很好地阻隔了水盐迁移对上层结构的影响，但使土工布下路基的水盐迁移作用加强，土体趋于饱和，路基强度和承载力降低，产生不均匀沉降，导致路面波状起伏。

6.3　盐渍土公路工程分类标准

在广泛收集有关盐渍土路基病害调查资料的基础上，结合工程实践及大量的室内外试验，归纳总结我国盐渍土地区公路工程的主要病害类型，深入分析公路病害产生的原因，以盐渍土的盐胀和溶陷性对工程建筑物的影响为根本原则，选择分类指标因子，并根据现场观测资料、路况调查及室内工程特性制订相应的盐渍土分类判定标准。

6.3.1　盐渍土公路工程分类原则

盐渍土公路工程分类应以工程应用为目的，除考虑工程性质上的差别外，更重要的是要求分类能反映客观存在的差异，使盐渍土的组成结构与物理力学性质指标统一起来。根据新疆盐渍土地区公路工程大量的现场调查，盐渍土地区公路病害主要有盐胀、溶陷、翻浆和腐蚀等类型。盐胀是盐渍土地区公路主要病害之一，其对公路的破坏形式主要表现在：路面产生不均匀变形，形成波浪、鼓包，使路面的平整度严重下降。溶陷是氯盐渍土地区公路的主要病害之一，公路盐渍土地基或结构层在淡水作用下，盐分溶解并被水分带走，导致土体强度逐渐丧失，在荷载或自重作用下，盐渍土地基或结构层出现沉陷、孔洞等破坏，并逐渐反映至面层。翻浆病害较少，但在高地下水位地段，路面破坏比较严重，根据路面变形、破坏程度的不同可分为轻型(路面龟裂、湿润、轻微弹簧、不影响行车)，中型(大片裂纹、路面松散、局部鼓包、车辙较浅)和重型(严重变形、翻浆冒泥、车辙较深、行车困难)3 级。

通过以上盐渍土地区公路病害类型分析可知,盐渍土地区公路工程发生病害的主要类型为盐胀和溶陷。由此可见,公路工程的盐渍土分类原则应主要考虑盐渍土的盐胀和溶陷问题,分类的指标应以控制路基稳定性的盐胀和溶陷变形量为标准。

6.3.2　影响盐渍土公路工程分类的因素

盐渍土的三相组成与常规土有所不同,液相中含有盐溶液,固相中含有结晶盐,尤其是易溶的结晶盐。土体的物理、力学性质在含盐量、含水率、温度等因素综合作用下产生显著变化。

1. 盐渍土粒度成分对分类指标的影响

土的分散度、化学矿物成分及饱和度,不仅对其工程地质性质有明显的影响,而且会导致其物理性质、热物理性质及比表面积和比表面能的不同,直接影响盐渍土冻融过程中的水盐迁移及盐胀等一系列的变化。

1) 土类对盐胀特性的影响

由盐渍土工程特性及盐胀试验可知,低液限黏土、含砂低液限黏土试样均随着温度的不断降低,盐胀量不断增加。在冻融循环过程中,含砂低液限黏土盐胀累加性最好,低液限黏土次之,黏土质砂具有较好的溶陷累加性。盐渍土盐胀量随盐渍土粉、黏粒含量的增加而增加,盐渍土中粉黏粒含量的多少也是决定盐胀量主要因素。

2) 土类对溶陷特性的影响

我国一些盐渍土地区的勘察资料表明,不少土样的易溶盐含量虽然小于0.5%,但其溶陷系数却大于 0.01,最大的达到 0.09 以上。青海省西部的盐渍土厚度一般超过 20m,且渗透性强,浸水后的累积溶陷变形量大。砾类和砂类盐渍土溶陷性差异较大,粉细砂盐渍土的溶陷变形量远大于无浸水时,其增长量惊人,远超过一般建筑物所容许的不均匀变形能力。

2. 盐渍土含盐量对分类指标的影响

1) 含盐量与盐胀变化规律的关系

含盐量是产生盐胀变形的先决条件,Na_2SO_4 在降温中析水结晶并伴随体积膨胀是产生盐胀的根源。在填料含水率、压实度及路堤断面基本相同的情况下,土中 Na_2SO_4 含量是决定盐胀程度的主要因素。在降温速率、含水率等条件基本相同的情况下,土体的盐胀率随 Na_2SO_4 含量的增多而增大,在 Na_2SO_4 含量小于 1%时,盐胀率增长速度较缓慢,最大盐胀率小于 2%;Na_2SO_4 含量大于 1%以后,随

着 Na_2SO_4 含量的增加其盐胀率增长速度较快。

2) 含盐量与溶陷变形的关系

氯盐渍土溶陷系数随着含盐量的增加而增加。氯盐渍土在盐分刚开始溶解或溶解结束阶段，溶陷的敏感程度弱，而在中间阶段随着浸水时间的延长，盐溶解的速度加快，溶陷的敏感性加强。

3. 盐渍土氯与硫酸根比值对分类指标的影响

硫酸盐渍土的盐胀是土中 Na_2SO_4 吸水结晶体积膨胀的外观表现，是土颗粒在结晶膨胀力作用下位置调整的最终结果，是一个复杂的物理化学、力学过程。Cl^- 含量/SO_4^{2-} 含量对盐胀规律的影响主要是通过改变土体孔隙溶液的性质和土体黏性而表现出来的。当 Na_2SO_4 含量较低时，Cl^- 含量/SO_4^{2-} 含量对盐胀具有抑制作用；当 Na_2SO_4 含量较高时，Cl^- 含量/SO_4^{2-} 含量对盐胀的抑制作用局限在一定范围内，超过这一范围的界限值，Cl^- 含量/SO_4^{2-} 含量反而对盐胀具有促进作用(杨丽英，1996)。因而在用 Cl^- 含量/SO_4^{2-} 含量为指标进行盐渍土分类、盐胀评判和盐胀防治时要全面考虑，才能得出合理的结论。

4. 盐渍土含水率对分类指标的影响

1) 含水率与盐胀的关系

从无水或过饱和的 Na_2SO_4 结晶膨胀的机理可以看出，Na_2SO_4 的结晶必须吸收 10 个水分子，因此，水是硫酸盐渍土产生盐胀的必要条件。随着含水率增加，盐胀率明显增大，但当含水率增大到一定程度后，含水率增加反而降低了盐胀。硫酸盐渍土最大盐胀量基本上以该种土的最优含水率为界，当土中含水率大于或小于土的最优含水率时，盐胀量都有不同程度的降低。

2) 含水率与溶陷变形的关系

氯盐渍土溶陷系数随着初始含水率的增大均有下降，这种现象随着压力的逐渐增大而表现得越来越明显。氯盐渍土峰值溶陷压力随着含水率的增大而减小。氯盐渍土溶陷起始压力都随着初始含水率的增大而增大。

5. 盐渍土温度变化对分类指标的影响

从 Na_2SO_4 的溶解度与温度的关系曲线可以看出，如果含水率、含盐量等具备使土产生盐胀的条件，温度则是促使硫酸盐渍土盐胀的决定因素。降温速率对含盐量较大的硫酸盐渍土的盐胀率有显著影响。随降温速率的减小，各种含盐量、密实度的硫酸盐渍土的盐胀率以幂函数增长。

6. 盐渍土土体密度对分类指标的影响

在各次冻融循环中，盐胀率随不同初始干密度而变化，初始干密度不同，每次累加的值也不一样。从各个循环中的结果来看,在其他条件相同的情况下,随着密度的增加,盐胀率逐渐减小,但当密度超过一定值后,随着密度的增加,盐胀率又继续增大。

6.3.3　盐渍土公路工程分类因子的选择

盐渍土路基的稳定性主要反映在路基变形量的大小及对路面平整度的影响,路基失稳主要是盐渍土路基在公路营运过程中产生了超过路基的容许变形量。以路基的盐胀和溶陷变形量作为盐渍土公路工程分类指标,必须确定盐渍土路基的容许变形标准。通过对盐渍土地区公路长期的现场观测及路况调查结果表明,如果路基在较大范围内缓慢而均匀地发生沉降,则对路基路面强度和平整度不会造成较大的影响。但是,如果路基在一年内的胀缩变形量很大,则会造成路基内应力剧增,促使路基路面过早的破坏,这一指标可与路面的容许变形量相一致。新疆交通科学研究院根据大量的试验证明,路基土盐胀率的大小能较好地反映公路盐胀破坏程度。盐胀率小于 1%时,路面平整无裂纹,无盐胀破坏现象(非盐胀性);盐胀率为 1%～3%时,路面上可见少量的裂纹,有轻微盐胀产生(弱盐胀性);盐胀率为 3%～6%时,路面有较明显的裂纹和盐胀现象(中盐胀性);盐胀率大于 6%时,路面有明显的鼓包、裂纹现象,盐胀率越大破坏越严重(强盐胀性)。黄立度等(1997,1990)根据新疆盐渍土地区公路多年的观测资料给出了路表容许最大胀量,一般公路为 6mm,高等级公路为 3mm。《新疆盐渍土地区公路路基路面设计与施工规范》(XJTJ01—2001)规定,在干燥和稍湿时盐渍土才具有溶陷性,潮湿地带一般溶陷变形量较小。盐渍土的溶陷性以溶陷系数为指标,溶陷系数小于 0.015 时为非溶陷土,可作为高速公路和一级公路的溶陷性要求。盐渍土地区高速公路、一级公路的地基溶陷变形量应小于 7cm,为非溶陷等级;二级公路溶陷变形量为 7～15cm,为Ⅰ级溶陷等级;三、四级公路溶陷变形量为 15～32cm,为Ⅱ级溶陷等级。

我国盐渍土公路工程分类的研究工作主要是针对盐渍土地区公路工程建设中遇到的盐渍土工程地质问题开展的,所采用的分类方法主要是根据盐渍土的特殊工程性质,具体来说根据路基盐胀和溶陷程度进行分级,这种分类方法可以直接给出公路工程设计所需要的参数,对盐渍土地区公路工程地质勘察及设计具有重要的指导意义。然而,这种分类方法在分类因子方面考虑的不够全面,分类中只考虑了盐分对盐渍土工程性质的影响,而对盐渍土发生盐胀和溶陷的基本条件、土类、含水率及温度状况缺乏应有的重视。

通过盐渍土公路工程分类指标的影响因素分析可知,盐渍土的水热稳定性是盐渍土的粒度成分、含盐特征、含水率及温度状况等的综合反映,而盐渍土的盐胀和溶陷特性是盐渍土路基稳定性的控制指标。盐渍土的水热稳定性反映了路基变形的本质因素，盐渍土的盐胀和溶陷特性是路基变形的表现形式。大量的研究结果和工程实践表明，决定盐渍土工程性质的主要因素有：盐渍土的粒度成分、含盐特征、含水率及温度状况等。因此，盐渍土的公路工程分类应在综合分析影响盐渍土工程性质各因素内在联系的基础上，考虑盐渍土与公路工程建筑物的相互作用，按盐渍土的粒度成分、含盐量、含水率及温度状况等进行类型划分，这样才能做到本质和现象的统一。

6.4 盐渍土公路工程分类因子界限值确定

6.4.1 土类选择

通过对公路工程盐渍土易溶盐试验方法的研究，论证了细粒盐渍土易溶盐试验试样制备粒径采用 1mm、砂类土采用 1mm、砾类土采用 5mm 的合理性。对盐渍土进行大量的室内工程性质研究及现场调查表明，细粒盐渍土盐胀特性最强，砂类土次之，砾类土最弱。因此，根据土的粒组划分(表 6.13)、盐渍土易溶盐试验方法及土的类型对盐渍土盐胀特性的影响，盐渍土公路工程分类的土类因子分为砾类土、砂类土及细粒土三种类型。考虑砾类及砂类盐渍土粉黏粒含量对其工程性质的影响，按照粉黏粒含量的多少进一步分为两个亚类，即粉黏粒含量≤15%和粉黏粒含量>15%两类。土类因子见表 6.14。

表 6.13 粒组划分

粒组统称	粒组名称		粒径 d 的范围/mm	粒组统称	粒组名称	粒径 d 的范围/mm
巨粒	漂石(块石)组		$d > 200$	粗粒	砂粒	$2 \geqslant d > 0.074$
	卵石(碎石)组		$200 \geqslant d > 60$	细粒	粉粒	$0.074 \geqslant d > 0.005$
粗粒	砾粒	粗砾	$60 \geqslant d > 20$		黏粒	$d \leqslant 0.005$
		细砾	$20 \geqslant d > 2$			

表 6.14 盐渍土公路工程分类的土类因子

土类	砾类土		砂类土		细粒土
粉黏粒含量	≤15%	>15%	≤15%	>15%	不考虑

1. 砾类盐渍土特性

粗粒土中砾粒组质量大于总质量 50%的土称为砾类土，砾类土根据其中细粒含量和类别及粗粒组的级配进行分类。砾类土中细粒组质量小于总质量 5%的土称为砾，砾类土中细粒组质量为总质量 5%~15%的土称为含细粒土砾，砾类土中细粒组质量大于总质量的 15%，并小于或等于总质量的 50%时，按细粒土在塑性图中的位置定名砾类土，分类见表 6.15。

表 6.15 砾类土的分类

土类	粒组含量		土名称	土代号
砾	细粒含量<5%	级配：$C_u \geqslant 5$ $C_c = 1 \sim 3$	级配良好砾	GW
		级配：不同时满足上述要求	级配不良砾	GP
含细粒土砾	5%≤细粒含量≤15%		含细粒土砾	GF
细粒土砾	15%<细粒含量≤50%	细粒为黏土	黏土质砾	GC
		细粒为粉土	粉土质砾	GM

砾类土易溶盐试验采用通过 5mm 筛孔的烘干土样 300g，与砂类土和细粒土不同。通过对砾类硫酸盐渍土进行单因素、多因素影响下的盐胀特性试验，分析砾类盐渍土盐胀率和含盐量、含水率、干密度及上覆荷载之间的关系。试验结果表明，砾类硫酸盐渍土的盐胀特性与砂类土、细粒土的盐胀特征有很大差异，砾类硫酸盐渍土的盐胀量要比细粒硫酸盐渍土小很多，其主要原因是砾类盐渍土特殊的土体结构。

砾类盐渍土的土体结构常呈现架空的点接触或胶结接触，具有不稳定性。其孔隙大，受水浸湿后，盐分溶解并随水流迁移，土体在自重或附加压力作用下结构破坏，产生附加变形，容易产生溶陷。在温度降低的过程中，Na_2SO_4 结晶盐会部分填充于土体中的孔隙，即结晶盐被孔隙吸收，而其他一部分结晶盐则破坏了土体的结构，使结构不稳定，甚至部分土体会在某一降温区间里发生土体体积缩减现象，即体缩现象。

砾类盐渍土中的细粒填充物对于砾类硫酸盐渍土的孔隙有很大的影响，进而对砾类硫酸盐渍土的盐胀产生影响。试验结果表明，粉黏粒含量小于 15%的砾类土，其工程性质较好；粉黏粒含量大于 15%的砾类土，盐胀率随细颗粒含量的增大而增大。其中细粒土砾硫酸盐渍土含盐量的增加，对不同条件下的盐胀量都有一定的促进作用，但是随着上覆荷载的增加及含水率的减小，作用有所降低。细粒土砾硫酸盐渍土含盐量和初始干密度与盐胀量成正比关系，上覆荷载与盐胀量成反比关系，含水率越接近最优含水率，盐胀量越大。

2. 砂类盐渍土特性

粗粒土中砂粒组质量小于或等于总质量 50%的土称砂类土，砂类土应根据其中细粒含量和类别及粗粒组的级配进行分类。砂类土中细粒组质量小于总质量5%的土称砂，砂类土中细粒组质量为总质量5%～15%的土称含细粒土砂，砂类土中细粒组质量大于总质量的15%并小于或等于总质量的50%时，按细粒土在塑性图的位置定名。砂类土分类见表6.16。

表6.16　砂类土的分类

土类	粒组含量		土名称	土代号
砂	细粒含量 ＜5%	级配：$C_u \geqslant 5$ $C_c = 1 \sim 3$	级配良好砂	SW
		级配：不同时满足上述要求	级配不良砂	SP
含细粒土砂	5% ≤ 细粒含量 ≤15%		含细粒土砂	SF
细粒土质砂	15% ＜ 细粒含量 ≤ 50%	细粒为黏土	黏土质砂	SC
		细粒为粉土	粉土质砂	SM

砂类土易溶盐试验采用通过1mm筛孔的烘干土样300g，与砾类土和细粒土不同。通过对砂类硫酸盐渍土进行均匀设计的盐胀特性试验和单因素、多因素影响下的盐胀试验，分析砂类盐渍土盐胀率和含盐量、含水率、干密度及上覆荷载之间的关系。试验结果表明，砂粒硫酸盐渍土土体结构孔隙大的特殊性，是造成砂类盐渍土盐胀特殊性的主要原因。砂类盐渍土中的细粒填充物对于其孔隙有很大的影响，进而对砂类硫酸盐渍土的盐胀产生影响。试验结果表明，粉黏粒含量小于15%的砂类土，其工程性质较好；粉黏粒含量大于15%的砂类土，在上覆荷载较小，含水率较大的条件下，盐胀率随细颗粒含量的增大而增大，随着含盐量的增加，盐胀量持续增加。但是随着上覆荷载的增加及含水率的减小，含盐量的促进作用有所降低。细粒土质砂硫酸盐渍土随着含盐量的增加，在上覆荷载较小，含水率较大的条件下，盐胀量持续增加。

砂类土盐渍土冻融时，水盐迁移特点与细粒土有质的差异。砂类盐渍土可以有吸着水但无薄膜水，当粉黏粒含量小于某数值时，砂类土中不存在连续结合水膜，因此不会产生薄膜水向冻结面迁移，相反，由于上部土层孔隙中的盐结晶及自由水冻结后体积膨胀，对下层土体内孔隙水产生超静水压力，在有水分排出的条件时，使水盐反方向迁移，即水盐离开冻结面。通过对嘉峪关地区砂砾土在经历单次降温时的水分、盐分分布剖面分析可知，砂砾盐渍土在经历单次降温时的水分、盐分迁移微弱，Cl^- 和 SO_4^{2-} 几乎未发生迁移。试验后各主要离子分布与水分迁移总量并没有直接的对应关系，其原因是水分主要是气态、液态迁移，而离子则是以吸附、扩散和对流方式迁移。

3. 细粒盐渍土特性

试样中细粒组质量多于总质量 50%的土称细粒土，细粒土中粗粒组质量少于总质量 25%的土称细粒土，粗粒组质量为总质量 25%～50%的土称含粗粒的细粒土。细粒土分类见表 6.18。

根据大量的室内试验研究，在不同含水率、不同土干密度、不同 Na_2SO_4 含量条件下，细粒硫酸盐渍土随着温度的降低，盐胀率逐渐增大。细粒硫酸盐渍土冻结前，随着温度的降低，Na_2SO_4 溶解度降低，使土体中 Na_2SO_4 溶液计算浓度大于 Na_2SO_4 溶解度，溶液中的 Na_2SO_4 结晶析出，土体产生膨胀，试样冻结前土体产生的膨胀是盐胀。随着温度进一步的降低，当土体达到冻结温度时，土体中水开始结冰，水结冰体积膨胀 1.09 倍，由于土颗粒表面能的作用，始终存在一定数量的未冻水，同时也将有部分 Na_2SO_4 以液体形式存在水中，随着温度的降低土体中未冻水含量将减少，同时增大 Na_2SO_4 计算浓度，将有部分 Na_2SO_4 结晶析出，使土体继续产生盐胀，土体冻结后产生的膨胀是盐-冻胀。当土体达到-15℃以后，由于土体中的未冻含水率已很少，且未冻含水率随温度降低减少量也很少，使土体盐-冻胀趋于稳定。

表 6.17　细粒土的分类

土类	粒组含量		土名称	土代号
细粒土	粗粒组质量 <25%	粉土	低液限粉土	ML
			高液限粉土	MH
		黏土	低液限黏土	CL
			高液限黏土	CH
含粗粒的细粒土	25%≤粗粒组质量≤50%	粗粒组中砂粒组占优势时	含砂低液限粉土	MLS
		含砂粉土	含砂高液限粉土	MHS
		含砂黏土	含砂低液限黏土	CLS
			含砂高液限黏土	CHS
		粗粒组中砾粒组占优势时	含砾低液限粉土	MLG
		含砾粉土	含砾高液限粉土	MHG
		含砾黏土	含砾低液限黏土	CLG
			含砾高液限黏土	CHG

6.4.2　含盐量界限值确定

土体中盐分的存在是盐渍土产生盐胀和溶陷的物质基础，根据盐渍土路基的盐胀和溶陷特性可以确定盐胀率和溶陷系数的具体分类界限。盐渍土的盐胀率和溶陷系数与含盐量之间存在着一定的关系，因此，通过盐渍土路基盐胀和溶陷边界条件的分析，可以确定盐渍土公路工程分类中含盐量因子的具体界限。

1. 砾类盐渍土含盐量界限范围

在综合考虑多元非线性回归公式(4.1)计算结果与其盐分聚集性的基础上得出，细粒土砾硫酸盐渍土 Na_2SO_4 含量 $\omega_s \leqslant 1\%$ 时，其盐胀不明显；$1\% < \omega_s \leqslant 3\%$ 时，其盐胀率 $\eta \leqslant 1\%$；$3\% < \omega_s \leqslant 5.5\%$ 时，$1\% < \eta \leqslant 1.5\%$；$5.5\% < \omega_s \leqslant 6.5\%$ 时，$1.5\% < \eta \leqslant 2\%$；$6.5\% < \omega_s \leqslant 8\%$ 时，$2\% < \eta \leqslant 3\%$。Na_2SO_4 含量与盐胀率对应关系见表 4.8。

2. 砂类盐渍土含盐量界限范围

1) 含细粒土砂盐渍土 Na_2SO_4 含量与盐胀率对应关系

当 Na_2SO_4 含量 $\omega_s \leqslant 2\%$ 时，其盐胀率 $\eta \leqslant 1\%$；$2\% < \omega_s \leqslant 4\%$ 时，$1\% < \eta \leqslant 3\%$；$4\% < \omega_s \leqslant 7\%$ 时，$3\% < \eta \leqslant 6\%$；$\omega_s > 7\%$ 时，$\eta > 6\%$。Na_2SO_4 含量与盐胀率对应关系见表 4.14。

2) 细粒土质砂盐渍土 Na_2SO_4 含量与盐胀率对应关系

当 Na_2SO_4 含量 $\omega_s \leqslant 1.5\%$ 时，其盐胀率 $\eta \leqslant 1\%$；$1.5\% < \omega_s \leqslant 3\%$ 时，$1\% < \eta \leqslant 3\%$；$3\% < \omega_s \leqslant 6\%$ 时，$3\% < \eta \leqslant 6\%$；$\omega_s > 6\%$ 时，$\eta > 6\%$。Na_2SO_4 含量与盐胀率对应关系见表 4.20。

6.4.3 温度影响区间确定

1. 砾类盐渍土起胀温度与盐胀敏感温度

当 Na_2SO_4 含量 $\omega_s \leqslant 1\%$ 时，盐胀微弱，起胀温度不明显；$1\% < \omega_s \leqslant 3\%$ 时，起胀温度为 $-5\sim5℃$；$3\% < \omega_s \leqslant 5\%$ 时，起胀温度为 $10\sim25℃$；$5\% < \omega_s \leqslant 7\%$ 时，起胀温度为 $15\sim30℃$；$\omega_s > 7\%$ 时，起胀温度为 $20\sim35℃$。当含水率较小时，起胀温度偏高温限；当含水率较大时，起胀温度偏低温限；当上覆荷载较大时，起胀温度偏低温限；当上覆荷载较小时，起胀温度偏高温限。砾类硫酸盐渍土在不同含盐量条件下的起胀温度见表 4.6。

通过对砾类硫酸盐渍土不同条件下的盐胀过程曲线分析可得出不同含盐量条件下的盐胀敏感温度区间，Na_2SO_4 含量 $\omega_s \leqslant 1\%$ 时，盐胀微弱，盐胀敏感温度区间不明显；$1\% < \omega_s \leqslant 3\%$ 时，盐胀敏感温度区间为 $-5\sim0℃$；$3\% < \omega_s \leqslant 5\%$ 时，盐胀敏感温度区间为 $-5\sim5℃$；$5\% < \omega_s \leqslant 7\%$ 时，盐胀敏感温度区间为 $-5\sim20℃$；$\omega_s > 7\%$ 时，盐胀敏感温度区间为 $5\sim25℃$。当含水率较小时，盐胀敏感温度区间偏低温限；当含水率较大时，盐胀敏感温度区间偏高温限；当上覆荷载较大时，盐胀敏感温度区间偏低温限；当上覆荷载较小时，盐胀敏感温度区间偏高温限。
砾类硫酸盐渍土在不同含盐量条件下的盐胀敏感温度区间见表 4.7。

2. 砂类盐渍土起胀温度与盐胀敏感温度

1) 含细粒土砂起胀温度与盐胀敏感温度

当 Na_2SO_4 含量 $\omega_s \leqslant 1\%$ 时，起胀温度为 $0\sim5℃$；$1\%<\omega_s\leqslant2\%$ 时，起胀温度
为 $5\sim15℃$；$2\%<\omega_s\leqslant3\%$ 时，起胀温度为 $10\sim25℃$；$3\%<\omega_s\leqslant4\%$ 时，起胀温
度为 $20\sim30℃$；$\omega_s>4\%$ 时，起胀温度为 $25\sim35℃$。当含水率较小时，起胀温度
偏高温限；当含水率较大时，起胀温度偏低温限；当上覆荷载较大时，起胀温度
偏低温限；当上覆荷载较小时，起胀温度偏高温限。含细粒土砂硫酸盐渍土在不
同含盐量条件下的起胀温度见表 4.12。

通过对含细粒土砂硫酸盐渍土不同条件下的盐胀过程曲线分析可得出不同含
盐量条件下的盐胀敏感温度区间，Na_2SO_4 含量 $\omega_s\leqslant1\%$ 时，盐胀敏感温度区间为
$-5\sim0℃$；$1\%<\omega_s\leqslant2\%$ 时，盐胀敏感温度区间为 $-15\sim0℃$；$2\%<\omega_s\leqslant3\%$ 时，盐
胀敏感温度区间为 $-5\sim10℃$；$3\%<\omega_s\leqslant4\%$ 时，盐胀敏感温度区间为 $5\sim20℃$；
$\omega_s>4\%$ 时，盐胀敏感温度区间为 $15\sim25℃$。当含水率较小时，盐胀敏感温度区
间偏低温限；当含水率较大时，盐胀敏感温度区间偏高温限；当上覆荷载较大时，
盐胀敏感温度区间偏低温限；当上覆荷载较小时，盐胀敏感温度区间偏高温限。
含细粒土砂硫酸盐渍土在不同含盐量条件下的盐胀敏感温度区间见表 4.13。

2) 细粒土质砂起胀温度与盐胀敏感温度

当 Na_2SO_4 含量 $\omega_s\leqslant1\%$ 时，起胀温度为 $0\sim10℃$；$1\%<\omega_s\leqslant2\%$ 时，起胀温
度为 $5\sim10℃$；$2\%<\omega_s\leqslant3\%$ 时，起胀温度为 $10\sim15℃$；$3\%<\omega_s\leqslant4\%$ 时，起胀
温度为 $15\sim25℃$；$\omega_s>4\%$ 时，起胀温度为 $25\sim35℃$。当含水率较小时，起胀温
度偏高温限；当含水率较大时，起胀温度偏低温限；当上覆荷载较大时，起胀温
度偏低温限；当上覆荷载较小时，起胀温度偏高温限。细粒土质砂硫酸盐渍土在
不同含盐量条件下的起胀温度见表 4.18。

通过对细粒土质砂硫酸盐渍土不同条件下的盐胀过程曲线分析可得出不同含
盐量条件下的盐胀敏感温度区间，Na_2SO_4 含量 $\omega_s\leqslant1\%$ 时，盐胀敏感温度区间为
$-5\sim0℃$；$1\%<\omega_s\leqslant2\%$ 时，盐胀敏感温度区间为 $-5\sim5℃$；$2\%<\omega_s\leqslant3\%$ 时，盐
胀敏感温度区间为 $-5\sim10℃$；$3\%<\omega_s\leqslant4\%$ 时，盐胀敏感温度区间为 $0\sim20℃$；
$\omega_s>4\%$ 时，盐胀敏感温度区间为 $15\sim25℃$。细粒土质砂硫酸盐渍土在不同含盐
量条件下的盐胀敏感温度区间见表 4.19。

6.4.4　含水率取值范围确定

在同一 Na_2SO_4 含量情况下，随着含水率的增大，盐渍土盐胀表现出较复杂

的规律。含细粒土砾硫酸盐渍土在单次降温条件下盐胀试验结果表明，含盐量的增加，对于不同条件下的盐胀量都有一定的促进作用，但是随着上覆荷载的增加及含水率的减小，作用有所降低。在同一含水率下，随着含盐量的增加盐胀量逐渐增大，但是随着上覆荷载的增加，其对盐胀量的增长具有一定的抑制作用。含水率的减小，对于盐胀量的抑制作用也较大。含细粒土砂、细粒土质砂硫酸盐渍土在单次降温条件下盐胀试验结果表明，随着含盐量的增加，在上覆荷载较小，含水率较大的条件下，盐胀量持续增加。但是随着上覆荷载的增加及含水率的减小，含盐量的促进作用有所降低。细粒硫酸盐渍土在含水率较小时，随着含水率的增加盐胀率增大，当达到最优含水率附近区间时，土体盐胀率达到最大值，超过最优含水率区间后，土体盐胀率又随着含水率的增加而减小。

综上所述，盐渍土在含水率较小时，随着含水率的增加盐胀率增大，当达到最优含水率附近区间时，土体盐胀率达到最大值，超过最优含水率区间后，土体盐胀率又随着含水率的增加而减小。

根据盐渍土基本工程性质试验可知，细粒盐渍土最优含水率一般在 11%～18%。结合细粒盐渍土在不同含水率条件下的盐胀特性试验，细粒盐渍土的盐胀敏感含水率区间取 8%～22%。砂类盐渍土最优含水率一般在 8%～12%，结合砂类盐渍土的盐胀特性试验，砂类盐渍土的盐胀敏感含水率区间取 5%～16%。砾类盐渍土最优含水率一般在 6%～9%，结合砂类盐渍土的盐胀特性试验，砾类盐渍土的盐胀敏感含水率区间取 4%～13%。盐渍土盐胀敏感含水率区间见表 6.18。

表 6.18　盐渍土盐胀敏感含水率区间

土类	细粒土	砂类土	砾类土
盐胀敏感含水率区间	8%～22%	5%～16%	6%～9%

6.5　盐渍土公路工程分类及路基填料适用性指标

6.5.1　盐渍土公路工程分类表

盐渍土公路工程分类在综合分析影响盐渍土工程性质各因素内在联系的基础上，以盐渍土的粒度成分、含盐特征、含水率及温度状况作为分类标准，按易溶盐性质对公路工程的危害性确定分类的界限值。盐渍土公路工程分类按盐渍化程度分为弱盐渍土、中盐渍土、强盐渍土、过盐渍土四类，根据细粒土与粗粒盐渍土颗粒组成的差异及盐胀特性的不同，对细粒土和粗粒土分别划分盐渍化程度。由于氯盐渍土与硫酸盐渍土含盐成分的不同及盐结晶体积膨胀量的差异，对氯盐渍土与硫酸盐渍土分别提出相应的含盐量界限值。

盐渍土的含盐性质，根据 Cl^-、SO_4^{2-}、CO_3^{2-} 和 HCO_3^- 的含量比值，分为氯盐渍土、亚氯盐渍土、亚硫酸盐渍土、硫酸盐渍土、碳酸盐渍土，见表 1.2。这种分类方法沿用时期很久，符合工程实际要求，本分类仍按此确定含盐性质界限。

1. 细颗粒盐渍土分类

细粒盐渍土的分类基本沿用了《公路路基设计规范》(JTG D30—2015)中细粒盐渍土的分类界限，根据细粒盐渍土盐胀试验结果，进行了局部调整。调整原则是对盐胀程度小的氯盐渍土分类界限值有所放宽，对盐胀敏感的硫酸盐渍土分类界限值有所从严，见表 6.19。

表 6.19　盐渍土公路工程细颗粒盐渍土分类表

盐渍土名称	含盐量 /%	盐胀敏感含水率区间/%	盐胀敏感温度区间 /℃	盐渍土类别
氯盐渍土及亚氯盐渍土	0.3～1.0	不考虑	不考虑	弱盐渍土（Ⅰ）
	1.0～5.0			中盐渍土（Ⅱ）
	5.0～8.0	8～22	−10～5	强盐渍土（Ⅲ）
	>8.0			过盐渍土（Ⅳ）
硫酸盐渍土及亚硫酸盐渍土	0.3～0.5	不考虑	不考虑	弱盐渍土（Ⅰ）
	0.5～1.5			中盐渍土（Ⅱ）
	1.5 ～3.5	8～22	−10～5	强盐渍土（Ⅲ）
	>3.5			过盐渍土（Ⅳ）

2. 粗粒盐渍土分类

粗粒盐渍土的分类从砾类土和砂类土的角度分别提出，并根据其粉黏粒含量的大小进行了细化，针对氯盐与硫酸盐分别提出相应的含盐量界限值。硫酸盐渍土及亚硫酸盐粗粒盐渍土分类中总含盐量指标以盐胀试验中 Na_2SO_4 含量取值控制，这样具有一定的安全度。盐渍土公路工程粗粒盐渍土分类见表 6.20。

表 6.20　盐渍土公路工程粗粒盐渍土分类表

盐渍土名称	土的类别		含盐量 /%	盐胀敏感含水率区间/%	盐胀敏感温度区间 /℃	盐渍土类别
氯盐渍土及亚氯盐渍土	砾类土	粉黏粒含量 ≤15%	0.5～5.0	不考虑	不考虑	弱盐渍土（Ⅰ）
			5.0～11.0			中盐渍土（Ⅱ）
			>11.0			强盐渍土（Ⅲ）

续表

盐渍土名称	土的类别		含盐量/%	盐胀敏感含水率区间/%	盐胀敏感温度区间/℃	盐渍土类别
氯盐渍土及亚氯盐渍土	砂类土	粉黏粒含量>15%	0.5~3.5	不考虑	不考虑	弱盐渍土(Ⅰ)
			3.5~9.0	6~9	−5~20	中盐渍土(Ⅱ)
			>9.0		5~25	强盐渍土(Ⅲ)
	砂类土	粉黏粒含量≤15%	0.5~2.5	不考虑	不考虑	弱盐渍土(Ⅰ)
			2.5~4.5	5~16	−5~20	中盐渍土(Ⅱ)
			4.5~8.5		15~25	强盐渍土(Ⅲ)
			>8.5		15~30	过盐渍土(Ⅳ)
	砂类土	粉黏粒含量>15%	0.5~1.5	不考虑	不考虑	弱盐渍土(Ⅰ)
			1.5~3.5	5~16	−10~5	中盐渍土(Ⅱ)
			3.5~7.0			强盐渍土(Ⅲ)
			>7.0			过盐渍土(Ⅳ)
硫酸盐渍土及亚硫酸盐渍土	砾类土	粉黏粒含量≤15%	0.5~3.5	不考虑	不考虑	弱盐渍土(Ⅰ)
			3.5~8.0			中盐渍土(Ⅱ)
			>8.0			强盐渍土(Ⅲ)
	砾类土	粉黏粒含量>15%	0.5~2.5	不考虑	不考虑	弱盐渍土(Ⅰ)
			2.5~6.5	6~9	−5~20	中盐渍土(Ⅱ)
			>6.5		5~25	强盐渍土(Ⅲ)
	砂类土	粉黏粒含量≤15%	0.5~1.5	不考虑	不考虑	弱盐渍土(Ⅰ)
			1.5~3.0	5~16	−5~20	中盐渍土(Ⅱ)
			3.0~6.0		15~25	强盐渍土(Ⅲ)
			>6.0		15~30	过盐渍土(Ⅳ)
	砂类土	粉黏粒含量>15%	0.5~1.0	不考虑	不考虑	弱盐渍土(Ⅰ)
			1.0~2.5	5~16	−5~10	中盐渍土(Ⅱ)
			2.5~5.0		0~20	强盐渍土(Ⅲ)
			>5.0		15~30	过盐渍土(Ⅳ)

注：砾类土、砂类土、细粒土易溶盐含量检测采用不同的试验方法。

由于氯盐渍土及亚氯盐粗粒盐渍土结构的骨架作用，其溶陷性很弱，主要是盐胀作用，故使用盐胀指标来划分其工程分类。氯盐渍土及亚氯盐粗粒盐渍土中主要是氯盐，含有部分硫酸盐，氯盐微弱盐胀，主要是硫酸盐产生盐胀。氯盐与硫酸盐划分以 Cl⁻和 SO_4^{2-}含量比值控制，界限值是 1。当含量比值为 1 时，硫酸盐含量最大；当比值大于 1 时，硫酸盐含量降低。为了使分类结果具有代表性，氯盐渍土及亚氯盐粗粒盐渍土分类参照硫酸盐渍土及亚硫酸盐粗粒盐渍土分类中的硫酸钠含量界限值，按含量比值 1 换算。

经换算，氯盐渍土及亚氯盐砂类盐渍土粉黏粒含量>15%时，弱、中、强、过盐渍土区间分别为 0.686%～1.37%、1.37%～3.43%、3.43%～6.86%、>6.86%；粉黏粒含量≤15%时，弱、中、强、过盐渍土区间分别为 0.686%～2.06%、2.06%～4.11%、4.11%～8.23%、>8.23%；氯盐渍土及亚氯盐砾类盐渍土粉黏粒含量>15%时，弱、中、强盐渍土区间分别为 0.686%～3.43%、3.43%～8.91%、>8.91%；粉黏粒含量≤15%时，弱、中、强盐渍土区间为 0.686%～4.8%、4.8%～8.97%、>8.97%。为便于工程应用，部分值取整。

6.5.2　盐渍土用作路基填料的适用性指标

盐渍土用作路基填料的可用性与路基的稳定性有密切的关系，以往由于施工中对填料控制不严，出现了大量的盐渍土公路病害。路基填料的不同含盐量及含盐性质对路基稳定性影响差异很大，不同的气候区和不同的水文地质条件下，盐渍土作为路基填料的可用性有所区别。路堤不同层位(路床、上路堤、下路堤)的填土对路基稳定性的影响有所不同，不同等级的公路对路基的稳定性、耐久性要求也应有所区别。因此，路基填料应根据不同盐渍土的不同含盐性质，以及公路不同等级、不同层位分别进行控制。

盐渍土地区公路路基填料的质量对保证路基稳定非常重要，应根据公路等级、水文地质条件和材料类型合理选用。从防止盐渍土病害的角度，在设计上对填料含盐量的控制应遵循以下几个原则：①对高等级公路路床 0～80cm 的填料从严控制；②对硫酸盐渍土和亚硫酸盐渍土从严控制；③对细粒土和粗粒土区别对待，粉粒、黏粒填土从严控制，隔断层以上填土严格控制；④受毛细水或地下水影响时控制从严。盐渍土用作路基填料的可用性见表 6.21。

为保持盐渍土路基路床的稳定，常设置隔断层，隔断层以上的填土必须选择透水性的土。盐渍土用作路基填料需按公路等级、不同层位及填土类别对填料进行控制，具体要求如下：

(1) 高速公路和一级公路，路基顶面下 0～0.8m 的土基，一般不允许填筑盐渍土，弱盐渍土经过论证后可使用；0.8m 以下按硫酸盐渍土与氯盐渍土区别对待。由于盐胀的影响深度可达 2.0m 左右，高速公路和一级公路的路基不允许产生盐胀和土基上部的次生盐渍化，故从严要求。

(2) 二级公路是我国国道干线的重要组成部分，技术标准较高，新建和改建里程量大。鉴于路基高度随路段水文地质条件的变化而不同，对二级公路填土的要求应力求保证路床部分的填土质量，同时考虑水盐迁移的影响及充分利用当地盐渍土作部分路基填料，故对 0.8m 以下又分两个层位进行要求，但限制了细粒土强盐渍土的使用。

(3) 三级、四级公路技术标准虽然较低，但对路基 0～0.8m 深填土也要从严控制，0.8m 以下可酌情予以放宽。国道与省道按三级公路设计，路床以下填筑细粒土时，宜从严控制，有条件的地段可优先采用风积沙作路基填料。

(4) 盐渍土填方基底表层的植被、盐壳、腐殖质及超过路基填料允许含盐量的土质必须清表，清表深度或换填厚度应视公路等级、基底土质和换填材料而定。

表 6.21　盐渍土用作路基填料的可用性表

土类	盐类	盐渍化程度	高速、一级公路			二级公路			三级、四级公路	
			0~80cm	80~150cm	150cm以下	0~80cm	80~150cm	150cm以下	0~80cm	80~150cm
细粒土	氯盐渍土	弱盐渍土	×	○	○	○	○	○	○	○
		中盐渍土	×	▲²	○	×	○	○	×	○
		强盐渍土	×	×	×	×	×	▲³	×	▲³
		过盐渍土	×	×	×	×	×	▲³	×	×
	硫酸盐渍土	弱盐渍土	×	▲²	○	×	○	○	▲²	○
		中盐渍土	×	×	▲³	×	×	×	×	▲²
		强盐渍土	×	×	×	×	×	×	×	×
		过盐渍土	×	×	×	×	×	×	×	×
粗粒土	氯盐渍土	弱盐渍土	▲¹	○	○	○	○	○	○	○
		中盐渍土	×	▲¹	○	▲¹	○	○	○	○
		强盐渍土	×	×	×	×	▲³	×	×	×
		过盐渍土	×	×	×	×	×	▲³	×	▲³
	硫酸盐渍土	弱盐渍土	▲¹▲²	○	○	▲¹	○	○	○	○
		中盐渍土	×	▲¹▲²	○	×	▲¹▲²	○	▲¹	○
		强盐渍土	×	×	×	×	×	▲³	×	▲³
		过盐渍土	×	×	×	×	×	×	×	×

注：○表示可用；×表示不可用。▲¹表示除细粒土质砂(砾)以外的粗粒土可用；▲²表示地表无长期积水、地下水位在 3m 以下的路段可用；▲³表示过干旱地区经论证可用。

参 考 文 献

鲍硕超, 2015. 吉林西部季冻区盐渍土冻胀特性及三维颗粒流数值模拟[D]. 长春:吉林大学.

包卫星, 2005. 喀什地区盐渍土工程性质试验研究[D]. 西安: 长安大学.

包卫星, 2008. 盐渍土公路工程分类的现状与思考[J]. 公路, (11): 119-123.

包卫星, 2009. 内陆盐渍土工程性质与公路工程分类研究[D]. 西安: 长安大学.

包卫星, 李志农, 2008a. 喀什地区不同盐渍土冻融变形特性试验[J]. 长安大学学报(自然科学版), 28(2): 26-30.

包卫星, 李志农, 罗炳芳, 2010. 公路工程粗粒盐渍土易溶盐试验方法研究[J]. 岩土工程学报, 32(5): 792-797.

包卫星, 谢永利, 杨晓华, 2006a. 天然盐渍土冻融循环时水盐迁移规律及强度变化试验研究[J]. 工程地质学报, 14(3): 380-385.

包卫星, 杨晓华, 2008b. 冻融条件下盐渍土抗剪强度特性试验研究[J]. 公路, (1): 5-10.

包卫星, 杨晓华, 谢永利, 2006b. 典型天然盐渍土多次冻融循环盐胀试验研究[J]. 岩土工程学报, 28(11): 1991-1995.

包卫星, 张莎莎, 2016. 路用砂类盐渍土盐胀及融陷特性试验研究[J]. 岩土工程学报, 38(4): 734-739.

别兹露克 Б M, 等, 1955. 盐渍土和流砂地上的道路工程[M]. 黄德璠, 等, 译. 北京: 人民交通出版社.

陈宏伟, 2004. 粗颗粒土压实试验研究[D]. 西安: 长安大学.

陈锦, 李东庆, 邴慧, 等, 2012. 含水率对冻结含盐粉土单轴抗压强度影响的试验研究[J]. 冰川冻土, 34(2): 441-446.

陈锦, 李东庆, 邴慧, 等, 2013. 含盐量对冻结粉土单轴抗压强度影响的试验研究[J]. 工程力学, 30(12): 18-23.

陈肖柏, 邱国庆, 王雅卿, 等, 1988. 重盐土在温度变化时的物理化学性质和力学性质[J]. 中国科学: 数学 物理学 天文学 技术科学, (4): 95-104.

陈肖柏, 邱国庆, 王雅卿, 等, 1989. 温降时之盐分重分布及盐胀试验研究[J]. 冰川冻土, 11(3): 231-238.

褚彩平, 1996. 硫酸盐渍土在多次冻融循环时的盐胀规律及机理研究[D]. 西安: 长安大学.

褚彩平, 李斌, 侯仲杰, 1998. 硫酸盐渍土在多次冻融循环时的盐胀累加规律[J]. 冰川冻土, 20(2): 12-15.

丁永勤, 陈肖柏, 1992. 掺和氯化钠治理硫酸盐渍土膨胀的应用范围[J]. 冰川冻土, 14(2): 107-114.

杜延龄, 1993. 土工离心模型试验基本原理及其若干基本模拟技术研究[J]. 水利学报, (8): 19-28.

方开泰, 1994. 均匀设计与均匀设计表[M]. 北京: 科学出版社.

费雪良, 1992. 硫酸盐渍土压实特性及其盐胀机理研究[D]. 西安: 长安大学.

费雪良, 李斌, 1995. 硫酸盐渍土压实特性及盐胀机理研究[J]. 中国公路学报, 8(1): 44-49.

费雪良, 李斌, 1997. 开放系统条件下硫酸盐盐渍土盐胀特性的试验研究[J]. 公路, (4): 7-12.

费雪良, 李斌, 王家澄, 1994. 不同密度硫酸盐渍土盐胀规律的试验研究[J]. 冰川冻土, 16(3): 245-250.

封建湖, 车刚明, 聂玉峰, 2001. 数值分析原理[M]. 北京: 科学出版社.

冯瑞玲, 王鹏程, 吴立坚, 2012. 硫酸盐渍土路基盐冻胀变形量计算方法探讨[J]. 岩土力学, 33(1): 238-242.

高江平, 李芳, 1997a. 含氯化钠硫酸盐渍土盐胀过程分析[J]. 西安公路交通大学学报, (4): 19-24.

高江平, 吴家惠, 1997b. 硫酸盐渍土盐胀特性的单因素影响规律研究[J]. 岩土工程学报, 19(1): 39-44.

高江平, 吴家惠, 杨荣尚, 1997c. 硫酸盐渍土盐胀特性各影响因素间交互作用规律的分析[J]. 中国公路学报, (1): 10-15.

高江平, 杨荣尚, 1997d. 含氯化钠硫酸盐渍土在单向降温时水分和盐分迁移规律的研究[J]. 西安公路交通大学学报, (3): 22-25.

高民欢, 1989. 含氯盐和硫酸盐类盐渍土膨胀特性研究[D]. 西安: 西安公路学院.

高民欢, 李斌, 金应春, 1997. 含氯盐和硫酸盐类盐渍土膨胀特性研究[J]. 冰川冻土, 19(4): 346-353.

高树森, 师永坤, 1996. 碎石类土盐渍化评价初探[J]. 岩土工程学报, 18(3): 96-99.

顾强康, 屈波, 张仁义, 等, 2015. 硫酸盐渍土定量增湿盐胀特性试验[J]. 长安大学学报(自然科学版), 35(3): 53-58.

顾强康, 吴爱红, 李宁, 2009. 硫酸盐渍土的盐胀特性试验研究[J]. 西安理工大学学报, 25(3): 283-287.

华遵孟, 沈秋武, 2001. 西北内陆盆地粗颗粒盐渍土研究[J]. 工程勘察, (1): 28-31.

黄立度, 席元伟, 1990. 新疆盐渍土地区干线公路病害调查及防治意见(摘要)[J]. 东北公路, (1): 16-19.

黄立度, 席元伟, 李俊超, 1997. 硫酸盐土道路盐胀病害的基本特征及其防治[J]. 中国公路学报, (2): 39-47.

黄晓波, 杨志夏, 周立新, 等, 2005. 盐渍土地基处理的浸水试验研究[J]. 公路交通科技, (s2): 107-110.

蒋坪临, 张建新, 王楚楚, 等, 2018. 循环振动荷载下氯盐渍土的溶陷特性[J]. 深圳大学学报(理工版), (1): 62-69.

李斌, 吴家惠, 1993. 硫酸盐渍土盐胀的试验研究[J]. 西安公路学院学报, 13(3): 51-55.

李芳, 高江平, 王高勇, 1998. 硫酸盐渍土盐胀与低层建筑[J]. 西安公路交通大学学报, (2): 25-27.

李宁远, 李斌, 1989. 硫酸盐渍土及膨胀特性研究[J]. 西安公路学院学报, (3): 81-90.

李永红, 陈涛, 张少宏, 等, 2002. 无粘性盐渍土的溶陷性研究[C]//中国岩石力学与工程学会第七次学术大会论文集. 北京: 中国科学技术出版社, 232-234.

李志农, 1995. 硫酸盐渍土盐胀评价[J]. 公路工程质地, (2):28-31.

李志农, 罗炳芳, 1990. 应用化学及石灰砂桩加固盐土路基[J]. 东北公路, (4): 29-33.

刘军勇, 张留俊, 2014. 察尔汗盐湖地区盐渍土微观结构及其力学与强度表现[J]. 盐湖研究, (2): 60-67.

刘南山, 2002. 倾斜细土平原盐渍土分布规律及盐胀作用分析[J]. 水文地质工程地质, 29(4): 40-42.

刘娉慧, 王俊臣, 蒋剑, 等, 2005. 硫酸盐渍土盐胀特性试验及分析[J]. 吉林大学学报(地), 35(1): 74-78.

刘威, 张远芳, 慈军, 等, 2012. 不同含盐类别和干密度盐渍土的三轴试验变化特征研究[J]. 水利与建筑工程学报,10(3): 12-33.

刘毅, 刘杰, 陈杰, 2013. 极旱荒漠盐湖区盐渍土微结构对强度特性的影响分析[J]. 中外公路, 33(4): 41-45.

刘永球, 2003. 盐渍土地基及处理方法研究[D]. 长沙: 中南大学.

罗伟甫, 1980. 盐渍土地区公路工程[M]. 北京: 人民交通出版社.

牛玺荣, 高江平, 2015. 综合考虑盐胀和冻胀时硫酸盐渍土体积变化关系式的建立[J]. 岩土工程学报, 37(4): 755-760

彭铁华, 1995. 硫酸盐渍土在不同降温速率下盐胀规律研究[D]. 西安: 西安公路交通大学.

彭铁华, 李斌, 1997. 硫酸盐渍土在不同降温速率下的盐胀规律[J]. 冰川冻土, 19(3): 252-257.

齐明山, 2003. 基于GDS的原状黄土性状试验研究[D]. 西安: 长安大学.

邱国庆, 盛文坤, 皇翠兰, 等, 1989. 关于冻结过程中易溶盐迁移方向的讨论[C]//第三届全国冻土学术会议论文选集. 北京: 科学出版社, 211-217.

石兆旭, 1989. 硫酸盐渍土膨胀规律及影响因素的研究[D]. 西安: 西安公路学院.

石兆旭, 李斌, 金应春, 1994. 硫酸盐渍土膨胀规律及影响因素的试验分析[J]. 西安公路学院学报, (2): 15-21.

宋启卓, 陈龙珠, 2006. 人工神经网络在盐渍土盐胀特性研究中的应用[J]. 冰川冻土, 28(4): 607-612.

铁道部第一勘察设计院, 1988. 盐渍土地区铁路工程[M]. 北京: 中国铁道出版社.

万旭升, 赖远明, 2013. 硫酸钠溶液和硫酸钠盐渍土的冻结温度及盐晶析出试验研究[J]. 岩土工程学报, 35(11): 2090-2096.

王春雷, 姜崇喜, 谢强, 等, 2007. 析晶过程中盐渍土的微观结构变化[J]. 西南交通大学学报, 42(1): 66-69.

王家澄, 徐学祖, 张立新, 等, 1995. 土类对正冻土成冰及冷生组构影响的实验研究[J]. 冰川冻土, 17(1): 16-22.

王俊臣, 2005. 新疆水磨河细土平原区硫酸(亚硫酸)盐渍土填土盐胀和冻胀研究[D]. 长春: 吉林大学.

王俊臣, 李劲松, 王常明, 2006. 硫酸(亚硫酸)盐渍土单次盐胀和冻胀发育规律研究[J]. 吉林大学学报(地), 36(3): 410-416.

王文生, 2006. 黄土堑坡稳定性态的离心模型试验数值仿真与理论分析[D]. 西安: 长安大学.

王小生, 章洪庆, 薛明, 等, 2003. 盐渍土地区道路病害与防治[J]. 同济大学学报(自然科学版), 31(10): 1178-1182.

王遵亲, 1991. 中国盐渍土[M]. 北京: 科学出版社.

魏洪, 1998. 对《路基设计规范》中盐渍土地区路基的修改意见[J]. 公路交通科技, 15(a1): 6-9.

魏进, 杜秦文, 冯成祥, 2014. 滨海氯盐渍土溶陷及盐胀特性[J]. 长安大学学报(自然科学版), 34(4): 13-19.

吴青柏, 孙涛, 陶兆祥, 等, 2001. 恒温下含硫酸钠盐粗颗粒土盐胀特征及过程研究[J]. 冰川冻土, 23(3): 238-243.

吴紫汪, 1982. 冻土工程分类[J]. 冰川冻土, 4(4): 43-48.

习春飞, 2005. 击实硫酸盐渍土的盐-冻胀性研究[D]. 长春: 吉林大学.

席元伟, 黄立度, 1991. 重盐渍土地区盐胀力的野外试验研究[J]. 东北公路, (2): 31-34.

肖泽岸, 赖远明, 2018. 冻融和干湿循环下盐渍土水盐迁移规律研究[J]. 岩石力学与工程学报, 37(增刊 1): 3738-3746.

肖泽岸, 赖远明, 尤哲敏, 2017. 单向冻结过程中 NaCl 盐渍土水盐运移及变形机理研究[J]. 岩土工程学报, 39(11): 1992-2001.

徐安花, 房建宏, 2005. 盐渍土抗剪强度变化规律的研究[J]. 公路工程与运输, 14(11): 54-58.

徐学祖, 1994. 中国冻胀研究进展[J]. 地球科学进展, 9(5): 13-19.

徐学祖, 邓友生, 1991. 冻土中水分迁移的试验研究[M]. 北京: 科学出版社.

徐学祖, 邓友生, 王家澄, 等, 1996a. 封闭系统非饱和含氯化钠盐正冻土中的水盐迁移[C]//第五届全国冰川冻土学大会论文集. 兰州: 甘肃文化出版社, 601-606.

徐学祖, 邓友生, 王家澄, 等, 1996b. 含盐正冻土的冻胀和盐胀[C]//第五届全国冰川冻土学大会论文集. 兰州: 甘肃文化出版社, 607-618.

徐学祖, 邓友生, 王家澄, 等, 1996c. 开放系统饱和含氯化钠盐正冻土中的水盐迁移[C]//第五届全国冰川冻土学大会论文集. 兰州: 甘肃文化出版社, 597-600.

徐学祖, 何平, 张建民, 1997. 土体冻结和冻胀研究的新进展[J]. 冰川冻土, 19(3): 280-283.

徐学祖, 王家澄, 张立新, 等, 1995. 土体冻胀和盐胀机理[M]. 北京: 科学出版社.

徐学祖, 王家澄, 张立新, 2001. 冻土物理学[M]. 北京: 科学出版社.

徐攸在, 1997. 确定盐渍土溶陷性的简便方法[J]. 工程勘察, (1): 21-22.

徐攸在, 等, 1993. 盐渍土地基[M]. 北京: 中国建筑工业出版社.

薛薇, 2001. 统计分析与 SPSS 的应用[M]. 北京: 中国人民大学出版社.

杨丽英, 1996. Cl^-/SO_4^{2-} 对硫酸盐渍土盐胀规律影响的研究[D]. 西安: 西安公路交通大学.

杨西锋, 尤哲敏, 牛富俊, 等, 2014. 固化剂对盐渍土物理力学性质的固化效果研究进展[J]. 冰川冻土, 36(2): 376-385.

杨晓华, 王永威, 张莎莎, 2016. 基于调节因素的盐渍土盐胀率随含水率变化规律研究[J]. 中国公路学报, 29(10): 12-19.

杨晓华, 张志萍, 张莎莎, 2010. 高速公路盐渍土地基溶陷特性离心模型试验[J]. 长安大学学报(自然科学版), 30(2): 5-9.

余侃柱, 2000. 中国内陆砂碎石盐渍土工程特性研究[C]//中国岩石力学与工程学会第六次学术大会论文集. 北京: 中国科学技术出版社, 158-161.

袁红, 1993. 硫酸盐渍土起胀含盐量与容许含盐量的研究[D]. 西安: 西安公路交通大学.

袁红, 李斌, 1995. 硫酸盐渍土起胀含盐量及容许含盐量的研究[J]. 中国公路学报, (3): 10-14.

袁雅贤, 魏亚辉, 冯怀平, 等, 2016. 兰新铁路第二双线盐渍土溶陷特性研究[J]. 铁道建筑, (2): 92-96.

张粹雯, 王遵亲, 1987. 盐渍土中盐结晶的显微研究[J]. 土壤学报, 24(3): 281-285, 295.

张冬菊, 2000. 盐渍土地区工程地基设计与防腐处理[J]. 青海大学学报, 18(6): 23-28.

张洪萍, 2005. 新疆 S201 线克榆公路盐渍土工程特性的试验研究[D]. 西安: 长安大学.

张立新, 徐学祖, 陶兆祥, 1996. 含硫酸钠冻土的未冻含水率[C]//第五届全国冰川冻土学大会论文集. 兰州: 甘肃文化出版社, 693-698.

张立新, 徐学祖, 陶兆祥, 等, 1993. 含氯化钠盐冻土中溶液的二次相变分析[J]. 自然科学进展, (1): 48-52.

张沛然, 黄雪峰, 杨校辉, 等, 2018. 盐渍土水-热场耦合效应与盐胀变形试验[J]. 岩土力学, 39(5): 1619-1624.

张莎莎, 2007. 粗颗粒硫酸盐渍土盐胀特性试验研究[D]. 西安: 长安大学.

张莎莎, 王永威, 包卫星, 等, 2017. 影响粗粒硫酸盐渍土盐胀特性的敏感因素研究[J]. 岩土工程学报, 39(5): 946-952.

张莎莎, 王永威, 杨晓华, 2015. 砾类亚硫酸盐渍土盐胀率的简化预测模型[J]. 中国公路学报, 28(11): 1-7.

张莎莎, 谢永利, 杨晓华, 等, 2010. 典型天然粗颗粒盐渍土盐胀微观机制分析[J]. 岩土力学, 31(1): 123-127.

张莎莎, 杨晓华, 戴志仁, 2009a. 基于均匀设计的砾类硫酸盐渍土盐胀特性试验研究[J]. 公路交通科技, 26(5): 29-34.

张莎莎, 杨晓华, 戴志仁, 2009b. 天然粗颗粒盐渍土多次冻融循环盐胀试验[J]. 中国公路学报, 22(4): 28-32.

张莎莎, 杨晓华, 谢永利, 等, 2009c. 路用粗粒盐渍土盐胀特性[J]. 长安大学学报(自然科学版), 29(1): 20-25.

张莎莎, 杨晓华, 王龙, 2015. 单因素对粗粒盐渍土的盐胀规律影响效果研究[J]. 水利学报, 46(s1): 129-134.

张莎莎, 杨晓华, 王永威, 2016. 砂类亚硫酸盐渍土盐胀率预报模型[J]. 长安大学学报(自然科学版), 36(6): 10-16.

张志萍, 2007. 国道 314 线和硕至库尔勒段盐渍土工程特性试验研究[D]. 西安: 长安大学.

朱勇华, 等, 2000. 应用数理统计[M]. 武汉: 武汉水利电力大学出版社.

KANG S Y, GAO W Y, XU X Z, 1994. Fild observation of solute migrationin freezing and thawing soils[C]. Proceedings of the 7th International Symposium on Ground Freezing, Nancy, 397-398.